共感・時間・建築

山名善之、塚本由晴＝編著

槇 文彦、西田 司、猪熊 純、能作文徳、伊藤 暁＝共著

TOTO
建築叢書

装幀　中島英樹

はじめに

山名善之

第15回ヴェネチア・ビエンナーレ国際建築展が２０１６年5月28日から11月27日まで、イタリアのヴェネチアで開催された。２年に一度開催され、建築界のオリンピックとも称される、各国が鎬を削る建築界の祭典である。私はその日本館展示のキュレーターとして、日本の若手建築家12組の作品を紹介する展示を行った。

このビエンナーレの日本館帰国展「en［縁］：アート・オブ・ネクサス」が、２０１８年1月24日から3月18日までＴＯＴＯギャラリー・間で開催された。本書はそれにあわせて行われたシンポジウム「en［縁］：アート・オブ・ネクサス、その先へ」の内容を再構成したものである。

多くの建築家や審査員が日本館の展示を訪れた瞬間に、「ここには建築がある！」と歓びをもって称賛した。日本の近現代建築のクオリティの高さは国際的に認知されており、多くの人が期待をもって訪れるという非常に恵まれた状況にあるが、2016年の展示は特に来館者に高評価を得て、審査員特別表彰を受賞した。

全体テーマ「REPORTING FROM THE FRONT(最前線からのレポート)」が、南米チリの建築家であるアレハンドロ・アラヴェナにより提示され、これに応える形で各国パビリオンは時事問題となっていた難民の課題を中心に、環境問題など地球規模の社会問題をテーマとして新たな「規範」の提示を試みようとしたものが多かった。しかし、これらのほとんどが、課題自体を「建築」としてとらえきれておらず説得力を欠いていたものであった。その中で、日本の若い世代の建築家たちによる細やかな12の「つぶやき」は、近代から続く現代の社会のあり方に対してクリティカルであった。

ビエンナーレのキュレーター指名コンペを受けて、ここ数年の間に建築されたものではあるが、すでにその周縁と連関が始まっているもの、時間を刻み始めているものを展示作品として探索した。しかし作業を続けていくうちに、それらがたまたま30歳代(当時)といったナイーブではあるがセンシティブな若い世代の建築家による作品が多いことに気づかされていった。その中で特に、日本の今日の状況を映し出しながらメッセージ性が高く、生き生きとした作品を選んで展示を試みた。それぞれの建築家が与えられた状況と真摯に向きあい建築された作品から今日の課題を読み取るという方法で日本の最前線をレポートした。それらは不確かな将来や未来のための教条的な「規範」の提示ではない。そのことが、かえって訪問者らと共に自然と希望をわかちあうこととなり、生来の建築のあり方に「共感」をよんだのであった。

特別表彰の授賞理由に、「都市の過密な住環境で、集まって暮らすさまざまなあり方を提案し、詩的な簡潔さと共に希望、歓びを与えた」とある。いまアジアや南米の建築家たちにも、今回出展した日本の若い建築家たちと同じように、ポジティブなヴィジョンをもって自分たちの社会をつくり直していこうとする強い意志を感じる。これまでの建築の、ヨーロッパを中心とした啓蒙的視点から大きく変化しつつあるように思われる。

シンポジウムでは、私もヴェネチアと東京のふたつの展覧会のキュレーターとしてプレゼンテーションを行った。展覧会を企画する際の起点となった問題意識、すなわち近代の建築のあり方、特に〝エスプリ・ヌーヴォー〟という100年前に提示された近代的な「規範」についてどう考えるか、についてまとめたのが本書の第1章である。

第2章は、槇 文彦氏のプレゼンテーションをまとめたものである。日本の都市空間の成り立ちや現在の建築の動向から、若い世代の建築家のおかれた現実的状況と可能性が示されている。ここで提示されたいくつかのキーワードは、その後のディスカッション、そして本書を再構成する際の軸となっている。

第3章にまとめたディスカッションでは塚本由晴氏をモデレーターに迎え、槇 文彦氏、12組の出展者の代表として出席した4人の若い建築家たちと議論を行った。いま若い建築家たちは、この混迷の度を強めていく社会の中でどういう立ち位置にいるのか、ディスカッションを通して明らかにされるそれぞれの志向が興味深い。近代の「規範」がかたちづくられた第一次世界大戦後からの流れを整理する本稿の試みは、この先の建築を考えるうえでの指針となるだろう。

第４章は本書のための書下ろしである。槇氏から提示された「共感」というキーワードに対し、４組の建築家が各々の実践に引き付けてまとめている。現代日本のある傾向を把握するために企図した選抜であるが、注視していくと多様な建築への向き合い方が示されている。

総括は塚本氏による。ジークフリート・ギーディオンの名は本書の構成を検討する議論の場で出てきたものだ。近代の黎明から最前線の取り組みまでを見通すうえで、いま改めてギーディオンを再読することは必然といえよう。

２０１６年のヴェネチア・ビエンナーレにはじまり、「縁」を核としつつも繰り返し議論を行うなかでその都度新たな発見があった。本書を通じてその気づきを広く共有できることをうれしく思う。このようなクリティカルな議論をする機会が、建築界のためにも、若い建築家たちのためにも、もっと必要だと考えている。

目次

はじめに　山名善之 ―― 3

第1章「EN」から「en」へ　山名善之 ―― 13

ヴェネチア・ビエンナーレ
日本建築界のフロント
「EN」から「en」へ
「日本」という地上絵
西田 司（西田 司＋中川エリカ）／〈人の縁〉「ヨコハマアパートメント」
猪熊 純（成瀬・猪熊建築設計事務所）／〈人の縁〉「LT城西」
能作文徳（能作アーキテクツ）／〈モノの縁〉「高岡のゲストハウス」
伊藤 暁（BUS）／〈地域の縁〉「神山町プロジェクト」
いまの社会を読み解くには

第2章　細粒都市と民兵　槇 文彦――31
民兵たちの草の根ムーブメント
細粒都市における棲み分け
都市計画のない日本の細粒都市
大通りに出てきた〈あんこ〉「ヒルサイドテラス」
ヒューマンスケールのまちづくり
4人の建築はなぜ似ているのか
日本文化のDNA「穏やかさ」
大海原を揺らす共感のヒューマニズム
（または、共感のヒューマニズムといううねり）
共感のシステムづくり
21世紀のAnother Utopia「オープンスペース」
民兵建築家の新しいフロンティア

第3章　ディスカッション en［縁］：
アート・オブ・ネクサス、その先へ――59
モデレーター：塚本由晴＋山名善之
パネリスト：槇 文彦＋西田 司＋猪熊 純
＋能作文徳＋伊藤 暁

人間とは何か
第一次世界大戦とヒューマニティとモダニズム
モダニズムに対する批判
人びとの想いをデザインする建築
「人」のネットワークがつくり出す内と外
「つくる」と「使う」をつなぐ「人」のネットワーク
近代化で変わったものと変わらないもの
「産業化」による分断
「人」による分断
「モノ」による分断
なぜみんな似ているのか
〈日本の状態〉建築
〈日本的なもの〉の再定義

第4章　空間から共感へ　西田 司、猪熊 純、能作文徳、伊藤 暁――95
つくる都市からそこにある都市へ　西田 司
何のための共感か　猪熊 純
生の基層　能作文徳
時間と建築　伊藤 暁

第5章　共感・時間・建築　塚本由晴――145
空間概念への憧れと疑問
空間が解放する建設の生産性とモダニズム建築
概念的隣接性と具体的な隣接性
現代叙事詩と建築空間論の「逆使い」

第１章　「EN」から「en」へ

山名善之

ヴェネチア・ビエンナーレ

ヴェネチア・ビエンナーレ国際建築展は、美術展のない年に開催されるようになって2016年で15回目を数えた。この建築展は世界中の建築家や建築クリティーク、そして建築に関心のある人が多く参加し、建築界におけるオリンピックのような存在になっているだけでなく、世界中から多くの人びとが訪れることから、広く文化や芸術の対象として建築を議論する場になっている。

ヴェネチアで現代美術のビエンナーレが始まった1895年は、世界の枠組みが大きく変わろうとしていた。この時期、ヴェネチアはイタリア統一運動によって独立性を失い、相対的に存在感を失い始めていたこともあって、ヴェネチア市は1893年に文化面で世界に貢献する街になることを決議し、第1回ヴェネチア市国際芸術祭を開催するために、ジャルディーニ展示宮殿の建設に取り掛かるのである。19世紀中葉の1851年のロンドン万博から始まる万博は、英仏米といった当時の列強国によって開催され続けられるが、20世紀に入ってからヴェネチア市国際芸術祭は列強国の芸術を通した国力を競う場となっていく。1907年にはジャルディーニ内にベルギーが自国専用パビリオンを建て、各国もこれに追随し1914年までにハンガリー、ドイツ、イギリス、フランス、ロシアが自国パビリオンを建設するが、この各国パビリオンの配置は第一次世界大戦が勃発する直前の国際社会の状況を表しているといえる。

このように、ヴェネチア・ビエンナーレはまさに国際社会に対する文化的プロパガンダの装置としての機能を、第一次大戦前から果たしてきたのである。当初は各国に根差した装飾的な作品が多く、万博との差別化が難しかったといわれているが、やがてそれぞれの国（世界を先導する国に限られるが）における先端の芸術を紹介し、それらが一堂に会する場となっていった。こうして芸術においても「インターナショナル」ということを意識する状況がつくり出されていくのである。

日本建築界のフロント

2016年の第15回ヴェネチア・ビエンナーレは、総合ディレクターであるアレハンドロ・アラヴェナから「REPORTING FROM THE FRONT」という課題が各国に提示された。実はこの全体テーマが決まる前に、日本館のキュレーションのコンペが行われ、われわれが提案した「en［縁］：アート・オブ・ネクサス」が採用されていた。結果的に事前に決まっていた日本館テーマと全体テーマがうまく呼応したことは幸運であった。

ビエンナーレのポスターには〈ナスカの地上絵を眺める女性の写真〉が使われている（図1-1）。ポスターにヘリコプターや大型重機を使って大げさに高いところから見ようというのではなく、ポスターにあるように、人の手で運べる脚立に乗ってちょっと視点を上げてみたら、何か見えてくるものが

図 1-1　第 15 回ヴェネチア・ビエンナーレのポスター

あるのではないかというメッセージであり、そこで見えてくる最前線の状況を報告することが求められた。

ヴェネチア・ビエンナーレもそうであるが、万博やオリンピックのような第一次大戦以降の枠組みにおいて続いてきた国際的イベントで、紹介すべき〈FRONT〉とはいかなる事象か？ それはどのような枠組みでとらえられることが必要かということを、キュレーターとして指名された時に考えた。私が深く関わってきた世界遺産「ル・コルビュジエの建築作品——近代建築運動における顕著な貢献」登録過程で議論を繰り返した〈近代建築運動〉という20世紀文化事象をいかに文化遺産としてモニュメント化しなくてはならないかという思考実験の経験[注1]もそれに重なっていった。

具体的には、ル・コルビュジエによって著された「Vers une ARCHITECTURE（Toward an Architecture／〈建築〉をめざして）」による〈規範〉としての〈an ARCHITECTURE〉を、モニュメントとして相対化するために、〈an ARCHITECTURE〉でない〈建築〉とは何か？　つまり、〈普遍的建築〉でない〈建築〉とは何か？　ということを問うことによって、いまの日本の建築状況のフロントが描き出せないかと考えるようになったのである。

日本は明治以来、近代国家を整備するためにさまざまな制度や機関がつくられるとともに、そのための建築がつくられてきたが、そこでは「規範」としての建築モデルを欧米に求めてきた。しかし、欧米言語の論理性に比べ、感性による支配の強い日本語を基調にした文化において、近代化が進むにつれ欧米を中心に構築された「規範」の示す合理性と、われわれの感性との間に齟齬をきたしてきた。しかし、それによって20世紀社会は〈ユニヴァーサル〉という〈普遍性〉を地球全体に求め、国際的、普遍的であろうとする建築がつくられてきた。

エキゾティスムの段階を終えて、この日本近現代建築に対する理解可能な期待は、1937年のパリ万博の日本館（坂倉準三設計）のグランプリ受賞から始まった。感性優位の近代性をもつ日本の空間意識が普遍的な建築言語によって伝えることが可能となったからともいえよう。この日本館の空間が伝えるものは、モダニズムという共通の建築言語をもち理解可能であるが、それだけでなく欧米とは違う端正な自然と共存する感性をもち合わせており、それが欧米人を魅惑しているのである。その憧れは今日でも続いている。この憧れを背景に、欧米人は近代の閉塞感を乗り越えるであろうとする期待を日本の近現代建築に寄せたのである。

「EN」から「en」へ

もうひとつの出発点となったのが、ヴェネチア・ビエンナーレの日本館という建築である。この日本館は、ル・コルビュジエの弟子でもあった吉阪隆正（よしざかたかまさ）によって設計された建物で、世界遺産となった国立西洋美術館と同様の「無限成長美術館」[注2]というル・コルビュジエが考えた美術館のプロトタイプの影響を読み取ることができる。そして、1956年にできた建物なので、われわれの展示はちょうど60周年の記念すべき年に催されたことになる。この還暦年に日本館を祝福するような展示ができないかとキュレーターとして考えた。

日本館は1階にピロティ、2階が展示室という構成になっていて、その展示室の2階とピロティの1階の中心に穴があり、その穴によって展示室とピロティがゆるいひとつながりの空間となっている。ヴェネチア・ビエンナーレの他国のパビリオンは、展示室という大きな箱の中で展示を組み立てることが多いが、今回われわれは壁に囲まれた箱の中だけではなく、ピロティ空間自体を展示の全体テーマを伝える媒体として設定した（図1―2）。理性としてではなく感性として展

図1-2 日本館の展示風景

示テーマを伝えるために、日本の「縁側」の心地良い空間をテーマに〈teco〉の金野千恵とアリソン理恵によるインスタレーション作品をピロティに展示した。ヴェネチアの夏の強い日差しの下で、ピロティの影空間を通り抜ける風は心地良く、展示テーマを感性として来訪者に訴えかけた。縁側が意味するもの、「何かと何かをつなぐ」〈アート・オブ・ネクサス〉という全体のコンセプトが共感を呼ぶきっかけをつくり出してくれた。近くのドイツ館は、難民問題という政治的課題をテーマにしており、もともと閉じた箱であった展示パビリオンの壁や扉をわざわざ破壊し、開放空間をマニフェストしていたが、それが滑稽に見えるほど、日本館の「縁側」空間のメッセージはしなやかに伝わっていった。

雑誌 *L'Esprit Nouveau*（エスプリ・ヌーヴォー）を再編集して、ル・コルビュジエは *Vers une Architecture*（建築をめざして）を発刊した。エスプリ・ヌーヴォーというのは「新しい精神」ということであるが、そもそも、このような議論が繰り広げられた１９２０年前後というのは、この「新しい精神」というものを近代の「規範」として提示することができた時代であった。その「規範」を追随する動きは日本において戦後に加速されたが、同時に、普遍性を追い求めれば追い求めるほど、それに対する違和感が増大されていったのである。ル・コルビュジエが牽引した近代建築運動、あるいはその範疇での建築は、ポストモダニズム期も含めて「規範」に基づく「社会」モデルを想定していた。社会をモデル化し、ひとつの「ＥＮ（エスプリ・ヌーヴォー）／新しい精神」を掲げることができるという幻想のある時代であったともいえる。

普遍性を求めた時から1世紀が経過し、われわれはそういった「ひとつの規範」の中に生きていくことができるのであろうか、という疑問を多くの人が感じ始めたのではないか。画一的な大文字の「EN」はすでに今日の日本には成立せず、それぞれの「新しい精神」である小文字の「en」が多数あるように思えてきたのである。その「en」の表象として日本の現代建築をとらえてみたいと思った。

「日本」という地上絵

「en［縁］」をコンセプトにして12組の建築家のそれぞれの建築作品を展示していったが、12組の作品にはいずれも、en［縁］、つながりや関係を新たにつくっていこうという姿勢を見ることができる。そしてこれらの作品を「人の縁」「モノの縁」「地域の縁」という3章立てで展示することを試みた。今回のシンポジウムには、「人の縁」から西田 司、猪熊 純、「モノの縁」から能作文徳、「地域の縁」から伊藤 暁の4人がパネラーとして出席している。

西田 司（西田 司＋中川エリカ）／〈人の縁〉「ヨコハマアパートメント」

「建物は、単にモノをつくるだけでなく、モノを通じて出来事もつくってしまうところがある」と考える西田は、その出来事は縁のように日常と地続きのドラマのように感じられるもの、身体的で親密さがあるものであり、そのためには、「壁によって人間を分けるのではなく、居場所のように人間をつなげる建築を表現したい」と言っている。

「ヨコハマアパートメント」（図1-3）は、交通の便が悪く、木造住宅が密集した地域に建てられた4住戸の小さな集合住宅である。谷地という地形を逆手にとって、4本の三角の壁柱で個室群が2階にもち上げられ、1階は「広場」と呼ばれる半屋外の共有空間になっている。4つの壁柱のまわりにそれぞれ個室へアクセスする階段があり、壁柱の中にそれぞれ専用の倉庫があり、寝室と水回り以外は1階にあるので、住人同士がふれあう機会が自然に多くなる。ここでは専有面積は小さくても、広場を共有していることから居住者の使える面積はかなり大きくなり、通常の集合住宅と違って専有面積より共有面積のほうが大きいという逆転が起こっている。まさに〈集まって住むための建築〉になっている。

同時に建築や建築が生み出す場を「使う」ことに対する創造性を見出そうとする西田は、「ヨコハマアパートメント」で毎月1回開かれる居住者会議にも参加している。若い人が生き生きと暮

図1-3 「ヨコハマアパートメント」外観

らす姿は近隣の人たちの共感も呼んだようで、広場で開かれるイベントに参加するようになり、築7年経ったいまでは、街の人たち主催のイベントも開かれるようになっている。高齢化の進む街の中で小さなパブリック空間に育っている。

猪熊 純（成瀬・猪熊建築設計事務所）／〈人の縁〉「LT城西」

戦後、日本の高度経済成長を支えてきた核家族も、バブル崩壊後の経済低迷と終身雇用制度の崩壊によってバラバラになり、いま単身世帯が急増している。「建築をつくるときに、時代性をかたちにすることを考える」という猪熊は、こうした日本の状況を悲観的に考えるのではなく「個」の時代ととらえ、「個」同士が新しくつながれるような住空間として建築を構築しようとしており、そうした新しい住まいのかたちを「シェアハウス」と名付けている。

そのひとつである「LT城西」（図1-4）は、建物の高さを2・5層分に調整して13室の個室を立体的に組み合わせ、残りの空間を共有空間としている。そのため共有空間は凹凸をもつ複雑なかたちとなり、その中に共有のリビングやダイニング、アルコーブがひとつながりになりながら配されているので、各居住者はそれぞれ複数の自分の居場所をもつことが可能となる。各個室のドアは直接共有空間に面さないように構成されているので、プライバシーも守られている。いったん「個」に還元された状態から、血縁や地縁に関係なく、個が自由につながる、新しい関係の構築に関心をもっている猪熊は、過去の農村的なつながりをなつかしむのではなく、「個」同士からつながるからこそできるような、多様で幸せな社会を目指していきたいと語り、「だれもが自由に生きられる社会」をつくろうというメッセージを発信し続けている。

図1-4 「LT城西」内観

能作文徳（能作アーキテクツ）／〈モノの縁〉「高岡のゲストハウス」

能作は、建築は「モノ」でできており、「モノ」が配置されることで空間がかたちづくられると考え、「モノ」を単なる部品ではなく、「モノ」に内在している時間やプロセスに着目して「モノ」を能動的なアクターとしてとらえ、建築における「人」と「モノ」の連関がつくり出すネットワークを重視している。そして解体後の建築部材のリユース、リサイクルまで視野に入れて建築を考えようとしている。

「高岡のゲストハウス」（図1-5）は、田舎でひとり暮らしをしている祖母の家が老朽化したため、祖母が住みながら少しずつゲストハウスに改修して、ゲストハウスを両親が運営しながら祖母の介護ができるようにした計画である。第1期は祖母の住まいの改修と水まわりの増築。第2期は既存の小屋組みをクレーンで移設して家屋の部分を解体。跡地は中庭として整備する予定。第3期は、移設した小屋組みを新築したコモンダイニングに使う。最終的に3つの分棟と中庭という構成になる。大きな小屋組みの移動は、新築するよりコスト削減になるというが、能作が言うように祝祭的で面白い。

これから少子高齢化が進む日本、特に過疎化・高齢化が問題となっている田舎といわれる地域では、古い建物を修理・減築することで豊かな空間や暮らしをつくり直せることを示した好例である。

図1-5 「高岡のゲストハウス」外観

日本の木造建築の構造は減築や改築に建築家の創意工夫を活かせる余地が大きく、解体で生じた「モノ」を新たな資源としてリユースしやすい。また、建具や家族の歴史や記憶の詰まった「モノ」を違和感なく取り込むことができるし、まわりの風景や街並との連続性も保持することができる。

伊藤 暁〈BUS〉／〈地域の縁〉「神山町プロジェクト」

徳島県名西郡神山町は、人口6000人ほどの過疎化・高齢化の進む中山間地域の街であるが、1999年から現地NPO法人グリーンバレーによって「アーティスト・イン・レジデンス」の取り組みが始まり、その成果がまちづくりの先進例として注目を集めていた。2010年にはBUSが町家を「ブルーベアオフィス神山」に改修したのをきっかけに、古民家をサテライトオフィスに改造した「えんがわオフィス」「KOYA」、神山産の丸太材を柱に用いたゲストハウス「WEEK神山」（図1-6）などの施設が整備された。

「えんがわオフィス」は、外壁を取り払ってガラス張りにし、縁側をつくることで、東京本社から来た社員と地域の住民との交流が活発になり、「WEEK神山」は林業を活性化させている。BUSはワークショップにも力を入れており、「ブルーベアオフィス神山」では、大学生たちと空き家再生のワークショップや、1929年に建てられた劇場「寄井座」を調査し再生案を考えるワークショップ、町内で不用になった家具を再生し「神山バレーサテライトオフィスコンプレックス」の家具を製作するワークショップを行っている。

かつての高度経済成長期には、社会の全体像が日本全体である程度共有されていたといっていいが、いま日本の社会が大きな転換期を迎えているといわれるのは、伊藤は「部分と全体の関係」

図1-6 「WEEK神山」外観

が複雑化して、「部分」からのボトムアップが活況を呈し、全体をひとつのイメージでとらえきれなくなっているだけではないか、と言う。神山町の、新しい「部分と全体」の関係のあり方がいま日本国内だけでなく世界から注目されている。

いまの社会を読み解くには

展示された12組の建築作品はまだナイーブで、一見アノニマスな印象を与えるものが多いが、12組の建築家のそれぞれの建築のあり方を見ていくと、いまの時代がどういうものになっているのか、見ていくことができるように思う。私が今回ヴェネチア・ビエンナーレのキュレーターとして建築家や制作委員の人たちとディスカッションを重ねていって一番楽しかったことは、このプロジェクトを通して、いまの社会のあり方というものが分かってきたことである。

逆の言い方をすれば、いままでの建築には、こういう建築をこういう社会のためにつくっていかないといけないという規範的なものがあったが、いまはもうそうした万人に共通するひとつのモデルというものがないのではないか。だから、一つひとつのプロジェクトごとに見えてくるものを丁寧に読み解いていくことによって、われわれは、「いま社会とはこういうものなのか！」と気づかされていく。参照するのはそういう建築作品群であるように思う。

1　山名善之著、『世界遺産　ル・コルビュジエ作品群』、2018、TOTO出版
2　ル・コルビュジエの構想で、収蔵品の増加に合わせて増築できるように設計された、際限なく成長し続ける美術館のこと。渦を巻くように展示空間を螺旋状に配置することで、巻貝が成長するように、作品の増加に応じて周囲の敷地に展示スペースを広げていくというコンセプト。

第2章　細粒都市と民兵

槇 文彦

民兵たちの草の根ムーブメント

最年長の立場から4人の若い建築家たちの建築の背後にある問題をいくつか取り上げたいと思う。本章のタイトルが「細粒都市と民兵」となっているが、「民兵」というのは、私が2017年『新建築』10月号の「変貌する建築家の生態」のなかで、「軍隊VS民兵」という構図で建築界のことを書いたときに使った言葉である。

現在の建築界で「軍隊」というと組織事務所のことになるが、アメリカの代表的な組織事務所の多くはパートナー制を採用し、大勢の所員を抱えたトップダウン型の体制をとっている。それらは近代的なマネジメントを行って戦力拡大を図っていくという、まさに軍隊のような組織である。ヨーロッパでも、昔はアメリカや日本のように大きな組織事務所がないと言われていたが、最近はOMA、ヘルツォーク&ド・ムーロン、ジャン・ヌーヴェルといった、世界的に著名な建築家が複数の事務所と三桁の所員を抱えるようになって、グローバル化のなかでさらなるパワーアップを志向し始めている。日本では〝アンビルトの女王〟と呼ばれていたザハ・ハディドの事務所も、実際は約450人もの所員で運営していた。日本の組織事務所や、設計部門をもつスーパーゼネコンも少子高齢化で縮小していく国内の建築市場のなかでプロジェクト獲得にしのぎを削り、組織の力を最大限に生かして経営の安定を図ろうとしている。

ここでいう建築界というくくりの中には当然アトリエ事務所も含まれているが、少子高齢化・グローバル化が進み、アトリエ事務所を取り巻く社会環境や設計環境が激変していくなかで、地域の人たちを巻き込んだプロジェクトや、ものづくりの新しいシステム、新しい住まい方などを提案する若い建築家が増えてきている。大都市だけでなく、地方でも地域の再生や、環境問題まで含めた建築生産全般を視野に入れた取り組みを始めた建築家も出てきている。こうした若い建築家たちの動きは、いまはまだ草の根的なムーブメントにとどまっているが、彼らは建築界のなかでフロントランナーとしてゲリラ的に戦っているわけではないので、まさに民兵、民兵組織のようなものだと言っていいだろう。

このようにいまの日本の建築界を概観してみると、本書に登場する4人の建築家は、どちらかというと「民兵」ではないかという感じがしている。

細粒都市における棲み分け

バリー・シェルトンというオーストラリアの都市計画家がいる。彼が書いた *Learning from the Japanese City*（邦題『日本の都市から学ぶこと』[注1]）という本のなかに、印象的な図が載っている（図2-1）。この図はティピカルな日本の大都市における大きな街区を描いたアイソメである。この

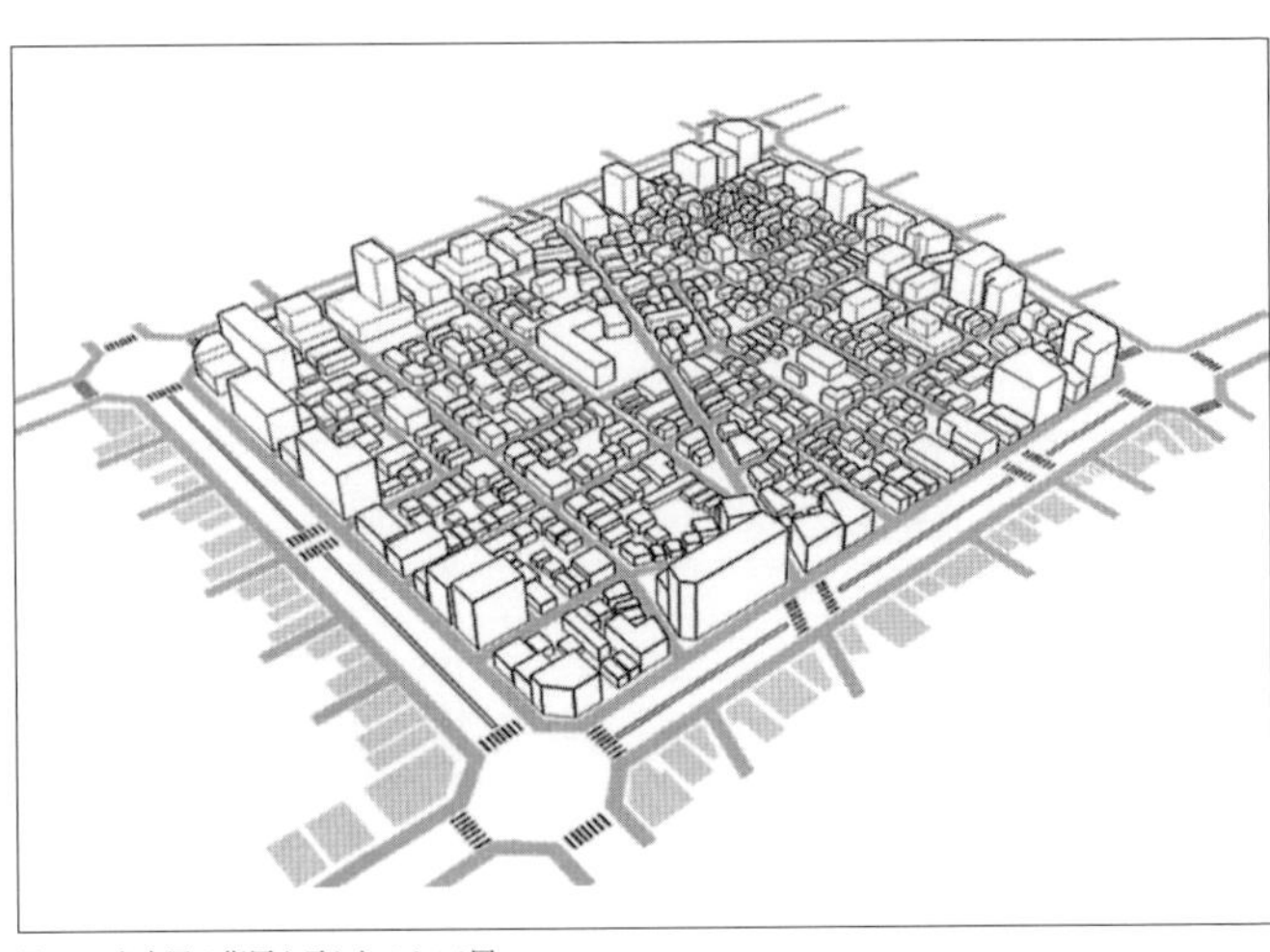

図2-1　名古屋の街区を示したアイソメ図

図では大通りに面した外周部に中高層の建築が建ち並び、その内側を埋め尽くすように低層の建築が小さい道や路地に沿って建っている。これは名古屋のまちを示した図ではあるが、東京にもこのモデルは当てはまる。つまり、日本の都市は、この図のように皮の中の〈あんこ〉のような小さな建築の集合した「細粒都市」になっている。しかし、見方を換えると、この〈あんこ〉は多様な機能をもった細粒の集合体であると言うこともできる。

おそらく4人の民兵の建築家が行っている大都市における仕事は、ほとんどがこの図で言う大きな街区のなかの〈あんこ〉のようなところだろうと思う。なかなか外側の大通りに面したところには出ていけていない。外側の、広い道路に面して、高い容積率をもった建築が建てられるところは、大きな資本が関心をもっているところである。だから、外側はどちらかというと「軍隊」の仕事になってしまう。おそらく4人の民兵の建築家の仕事は、どちらかというと内側の〈あんこ〉のところでなされた仕事や、あるいはそこに共感をもったさまざまな関係者あるいは投資者がいて、その結果できてきたものではないかと思う。

私も実際には、そのほとんどが〈あんこ〉を包む皮のところで仕事をしている中規模のアトリエ事務所の建築家であるから、もちろん「民兵」ではない。ただ、私はひとつだけ、外側の大通りに内側の〈あんこ〉が出てきたような仕事をしてきた。

都市計画のない日本の細粒都市

どうして日本の大都市のなかに〈あんこと皮〉のような構造ができたかという点を話しておきたいと思う。

江戸時代の絵図を見ると、「江戸」の中央に江戸城があって、東の海側の低地に町人町があり、西の陸側の少し高いところに大名屋敷や武家屋敷があるのがわかる(図2−2)。18世紀の初めには、江戸は人口が百万人を超える世界有数の大都市のひとつであったが、人口が増えていく過程では、江戸のまちは2世紀にわたってどんどん外へ向かって拡張していくという歴史をたどった。

図 2-2　江戸時代の街区を示した絵図

しかし、明治になって「江戸」から「東京」に改称されると、京都から首都が移転されたこともあって、人口が急増していった。新しい東京の特色は、近代化が推進されるのに伴って、大名屋敷や寺町が細分化され、町人町も内側に向かって同様に細分化されていき、そこに増えた人口を吸収するというかたちになったことである。明治政府は東京を首都にふさわしい都市として整備するために、ヘルマン・エンデやヴィルヘルム・ベックマンに依頼して壮大なバロック形式による中心部改造計画をつくらせたが、ほとんど実現していない。

これが東京をはじめ日本の都市の大きな特徴で、大きな街区の中に横丁や路地が深く入り込んできて土地がどんどん細分化され、そこに人びとが家を建てて生活を始める（図２－３）。さら

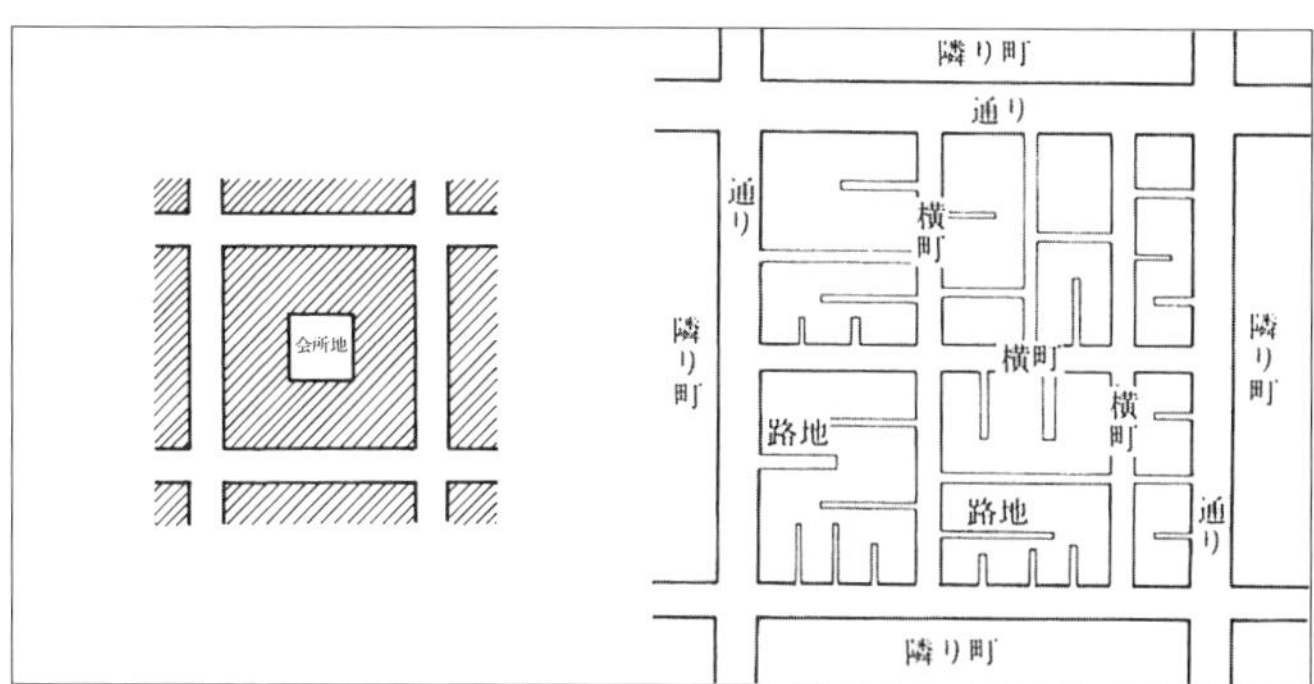

図2-3　内側に向かって細分化された都市

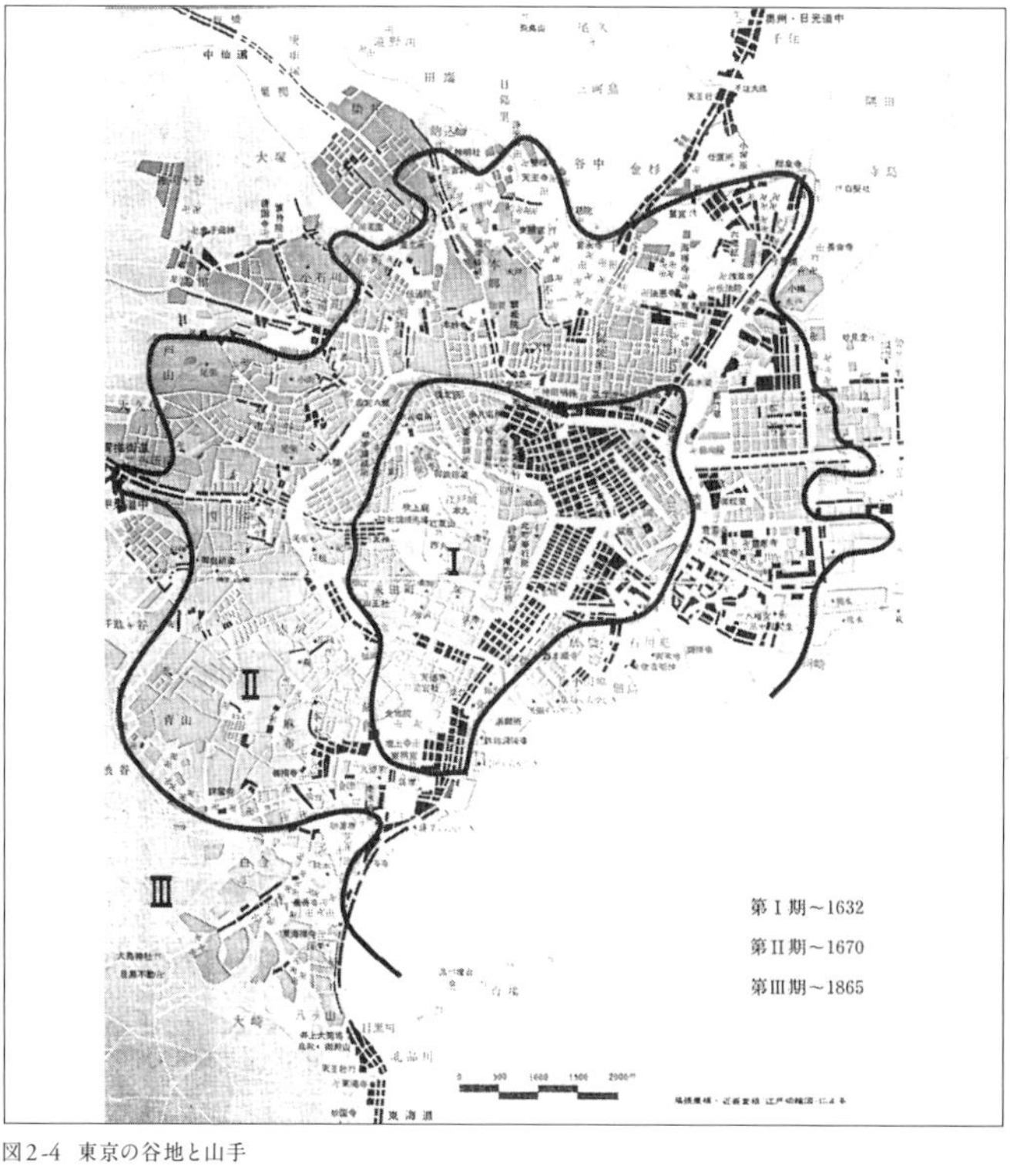

第Ⅰ期～1632
第Ⅱ期～1670
第Ⅲ期～1865

図2-4　東京の谷地と山手

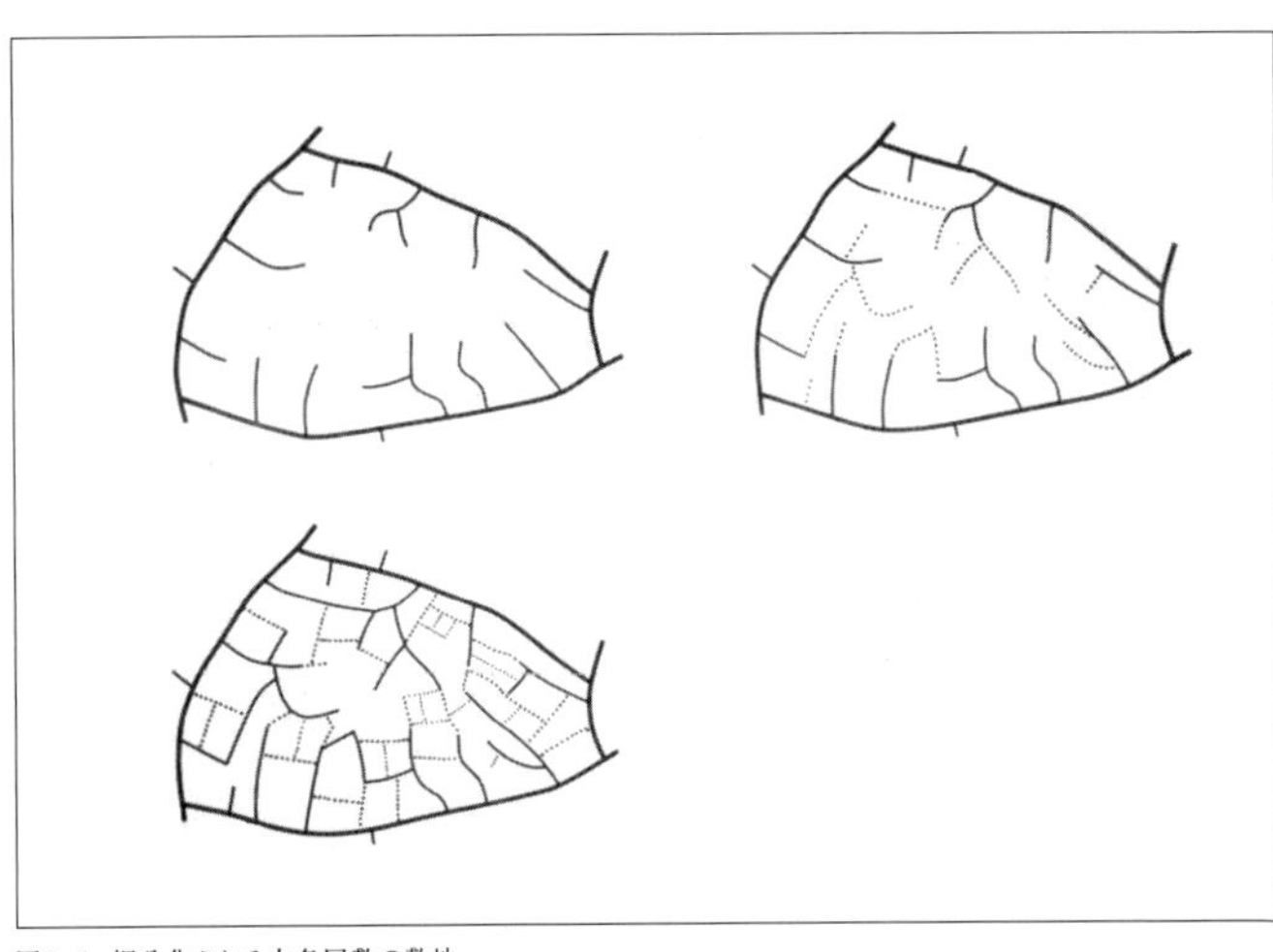

図2-5　細分化される大名屋敷の敷地

に、谷町と山手ができていく（図2－4）。そして大きな大名屋敷の敷地においても、街区の内側に向かって細分化が進んでいった（図2－5）。それが先ほどのシェルトンの描いたアイソメの、〈あんこ〉のようなところをつくってきたということが言える。

大通りに出てきた〈あんこ〉「ヒルサイドテラス」

私の、大通りに面して〈あんこ〉が出てきた仕事というのは何かというと、代官山の「ヒルサイドテラス」のことである。これはいま話した日本の都市の成り立ちや建築界の構造から言うと、非常に珍しいケースだと思っている。先ほどから述べている通り、旧山手通りのような広い道路に面したところは、高い容積率を活かして、それぞれ異なった様相をもつ建築群が建ち並ぶのが日本では普通だ。しかしながらこの「ヒルサイドテラス」は、街区の中にあるような中・低層のボリュームが連続したかたちになっている。

どうしてこのようなことが起きたかというと、代官山の一帯は朝倉不動産の先祖の朝倉家が所有していた。大正から昭和にかけて、地主の朝倉虎治郎は、まちづくりに熱心に取り組んだ政治家で、当時の〈あんこ〉だったところは小さな道が多かったので、「真ん中の道だけは広くしたらどうか。これからの東京には広い道路が必要だ」と言って自分の土地も道路拡張のため提供した。それがいまの旧山手通りの一部が整備されたものなのである。その後、広い歩道と並木のある東京でも有数の大きな通りが完成すると、当時の代官山を中心とする一帯は閑静な住宅地で裕福な人たちが住んでいたので、また別の政治家が「こんな環境の良いところに容積率の高い建物をつくるのは良くない」と言い、用途を第一種住居専用地域に指定し、大きな容積率や高さをもった建築や商業施設をつくることが規制されるようになった。ふつう政治家というのは良いことはあまり言わないものだが、このふたりの政治家によって、いまの代官山のヒルサイドテラス周辺の環境ができ上がったと言っていい。

戦後、朝倉不動産は所有していた代官山の土地を再開発することになり、私がその計画・設計を依頼された。まず1969年に、旧山手通りに沿って店舗とオフィスを組み合わせた中・低層の複合集合住宅として竣工した。これがヒルサイドテラスの第一期である。その後、第二期、第三期

図2-6「代官山 T-SITE」一帯の空撮

と開発が続き、さらに、朝倉不動産と話し合って、ヒルサイドテラスを住宅・文化施設を中心にした複合施設として開発し、ヒルサイドテラス全体を建築・アート・音楽など文化活動の発信拠点として構築していくことが決まった。いまではコンサートホールのあるヒルサイドプラザ、アートギャラリーのあるヒルサイドフォーラムを中心としてさまざまな文化活動が幅広く行われるようになっている。

最終的にヒルサイドテラスは六期25年にわたる計画になったが、第七期のヒルサイドウエストが1998年に完成してからもう20年がたつ。これらの仕事はいくつかのフェーズを重ねながらゆっくりと実現していったので、ここに住む人たちや働いている人たちが集まって、オーナーの朝倉不動産を中心にしたコミュニティが自然にでき上がっていった。それが今日の「代官山ステキなまちづ

図2-7「代官山T-SITE」外観

くり協議会」に発展して、いまではヒルサイドテラスのみならず、代官山を含む地域全体がより良い方向でまちとして成熟していくように活動をしている。

2011年にこの一角に蔦屋書店の「代官山T-SITE」ができたときも、まちづくり協議会との話し合いがもたれ、旧山手通りに面したところにあった樹木の保存を要請した（図2－6）。いまでは大通りに面して比較的公共性の高いスペースが生まれているので、近くに住んでいる私もときどき行くことがあるが、建物の前で子どもが遊んでいたり、自転車が置いてあったり、木陰に人がたたずんでいたりするような、東京でもユニークな場所になっている（図2－7）。

このように、この一帯の建築のつくり方は、時代とともに少しずつ変わってきている。場の使われ方も変わっていき、建物自体も少しずつ年をとっていく。私は日本橋からいまの代官山の事務所に1998年に移転してきたから、自分がつくったものがどう変わっていくのか、どのように使われていくのか、そうしたことを身近で学ぶことができている。そしてヒルサイドテラスを通してコミュニティに深くかかわり合う機会を得たことも、建築家としての貴重な体験になっている。

ヒューマンスケールのまちづくり

ヒルサイドテラスは、あらかじめ全体のマスタープランが存在していなかったことがこの計画の特徴でもある(図2-8)。六期、25年にわたる計画のなかで、個々の建物の表層や構成における差異性はむしろ意識的な表現として設計しているが、壁面縁の連続、外部空間のヒューマンスケールの維持、効果的な樹木の介在が核となってヒルサイドテラス全体がひとつのまとまった集合体としてでき上がっている。これも朝倉不動産のまちづくりに対する長期的なヴィジョンに支えられて、低い容積率を保ち、広い敷地内での自由な建築の配置が可能になったことが大きい。

「ヒルサイドテラス」のような場所が生まれてきたということから考えられることは、もしかしたら、もっと内側の〈あんこ〉が広い道路側に出てくれば、民兵の若い建築家たちもいろいろなことができるのではないか。そういう可能性が、これから少子高齢化が進む日本の都市の中で生まれ

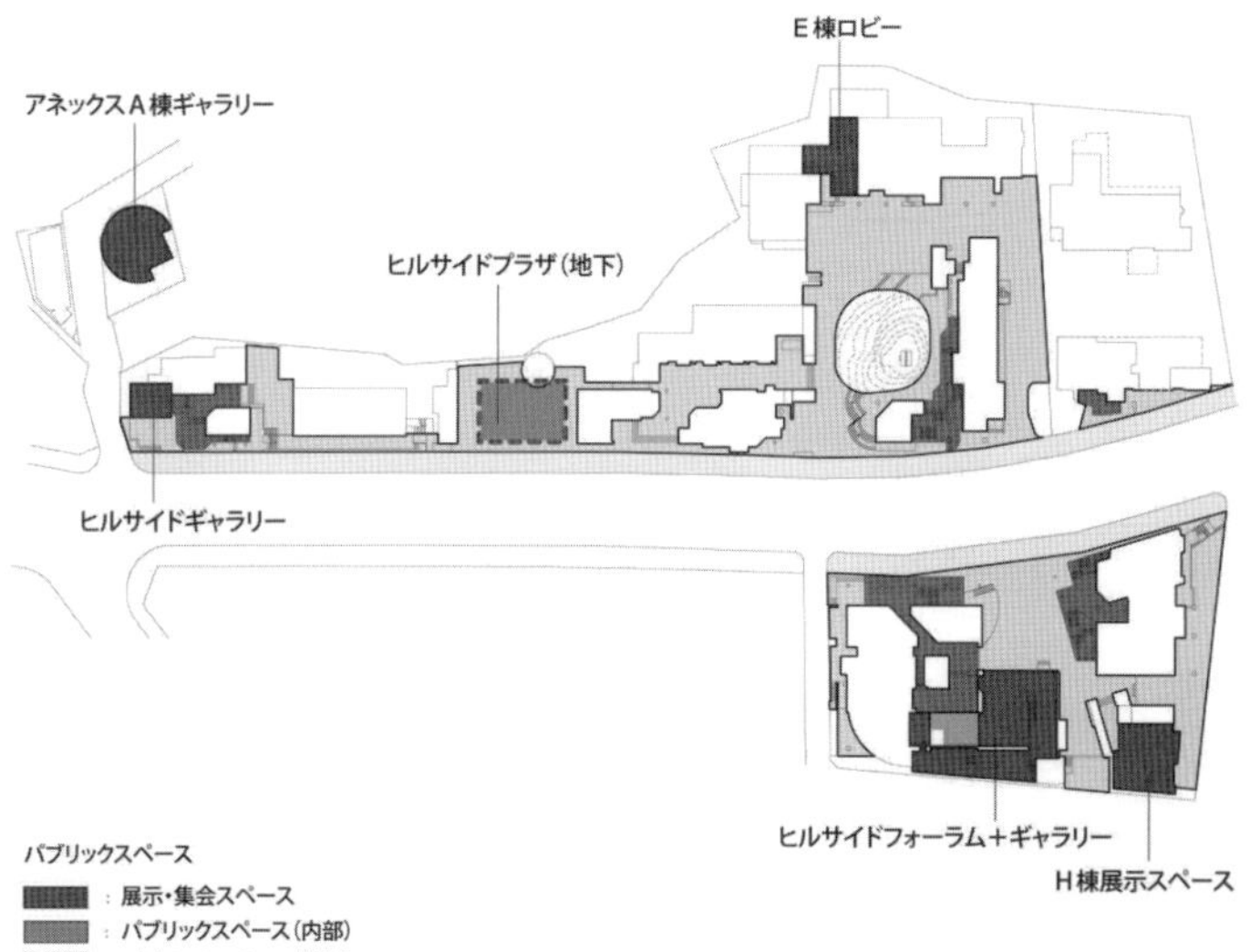

図2-8 「ヒルサイドテラス」空撮（上）と全体計画（下）

西田司＋中川エリカ
「ヨコハマアパートメント」

能作アーキテクツ
「高岡のゲストハウス」

成瀬・猪熊建築設計事務所
「LT城西」

BUS
「えんがわオフィス」

増田信吾＋大坪克亘
「躯体の窓」

miCo.
「駒沢公園の家」

図2-9 第15回ヴェネチア・ビエンナーレ日本館出展作品の一部

てくることを期待している。

そして、もうひとつ私の想いを申し上げると、いま日本では容積率を上げていこうという方向性が非常に強いが、海外では逆にダウングレイディングのようなことも起きてきている。これは非常に難しいことではあるが、これからの日本でもあり得るのではないかと密かに期待している。

4人の建築はなぜ似ているのか

続いて、4組の建築家の作品をみながら考えたことを話してみたいと思う。

「ヨコハマアパートメント」「高岡のゲストハウス」「LT城西」「駒沢公園の家」「躯体の窓」「えんがわオフィス」の写真を並べてみるとわか

るように、それぞれ独特のプログラムとその空間化を実現しているが、皆その外観は非常に似ているところがある(図2−9)。

「これが日本の近代建築だ」ということが最初に海外に認められたのは、おそらく1931年のパリ万博の、坂倉準三さんの設計された日本館だろう(図2−10)。これはほとんど1世紀前の建築であるにもかかわらず、この日本館の写真を見たあと、今回のヴェネチア・ビエンナーレに出展した建築の写真をあらためて見直してみると抑制のきいた外観である。そこに一種の日本の近代建築らしさが一貫してあり、ある種のなごやかさ、きめの細かさというようなものは相変わらず続いているのか。あるいはパリ万博の日本館を超えられていないのか。

これが、私自身の反省も含めて、彼らの作品を見てきたときに強く感じたことである。これらの6つの建築に対するいまの私の疑問を聞いて、4人の建築家がどう感じられるか、ぜひそれをディスカッションしてみたいと思っている。

日本文化のDNA「穏やかさ」

そのひとつの理由として考えられるのが、日本文化のDNAに昔からある、「穏やかさ」や「きめの細かさ」、そして「自然との共存」といった独自の感性である。これは建築だけに限ったはな

図2-10 「パリ万国博覧会日本館」 坂倉準三

しではない。多くの方が指摘していることではあるが、かなと漢字を両方使った言葉というのは、ほかの国にはあまりない。このかなと漢字の併用による多様な表現形態が、日本人の細部へのこだわりをよくあらわしているように思う。

例えば「驟雨（しゅうう）」「豪雨（ごうう）」「秋雨（あきさめ）」「私雨（わたくしあめ）」という、客観的かつ理性的に雨の降り方をあらわす言葉が漢字にあるにもかかわらず、「ぽつぽつ」「ぱらぱら」「しとしと」「ざあざあ」という、音声によって雨の降り方をあらわす言葉が日本語にはある（図２−11）。これが日本人の、長い間にわたって培われてきた感性のなかで、ある種の特徴を見せてきたということである。だから、自然との共存、いま挙げた雨を表現する言葉、あるいは大都市の街角を人びとが行き交う光景を見ても、日本は長らく稲作を中心とした農村社会だったから、農村社会のもっている掟や、「忖度」の精神など、いろいろな人間関係のあり方が今日まで続いているということが非常に大きいのではないか。何かどこかで他者や異質なものと協調するということを自然に考え出すのが、日本文化のひとつの特徴だと思う。

もうひとつは宗教である。仏教にしても、あるいは神道にしても、わりとおだやかな宗教である。キリスト教やイスラム教にあるような、原理主義的な厳しさがない。

このように、自然との共存、先ほど挙げたような言葉による表現の仕方、長かった農村社会としての歴史、穏やかな宗教というものが日本文化のひとつのＤＮＡをつくってきたといえると

雨 rain

phonogram		ideogram	
kana		kanji	
ぽつぽつ	Potsu Potsu	驟雨	Sudden rain
ぱらぱら	Para Para	豪雨	Heavy rain
しとしと	Shito Shito	秋雨	Autumn rain
ざあざあ	Zah Zah	私雨	Private rain

図2-11　雨の日本語表現

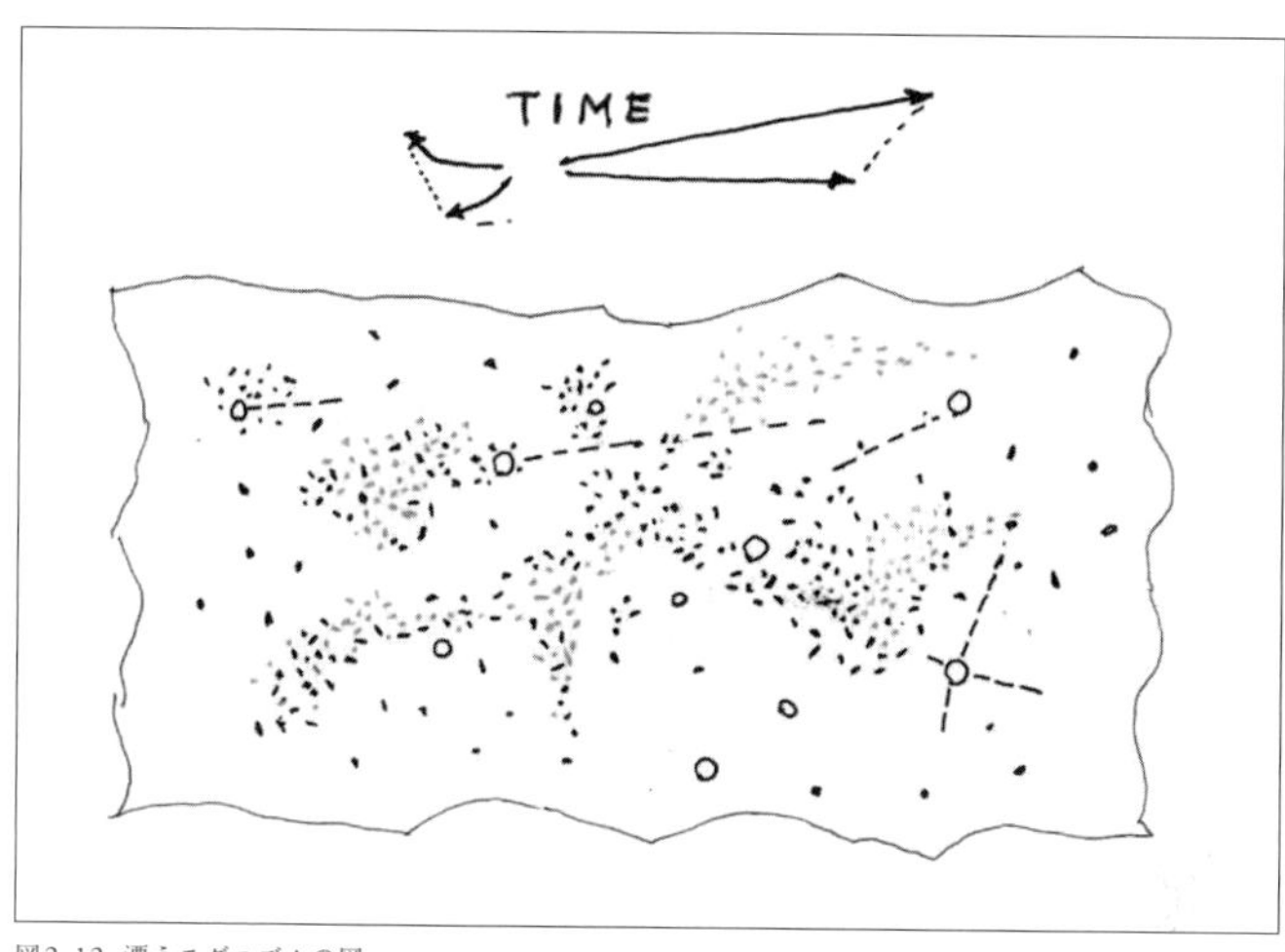

図2-12　漂うモダニズムの図

思う。そういう日本文化のDNAがそのまま「建築」に生きている。6人の若い建築家の作品を見ても、背後には、そういうものがあるような気がしている。

大海原を揺らす共感のヒューマニズム（または、共感のヒューマニズムといううねり）

図2－12は、20世紀の建築家のだれもが「モダニズム」という思想を共有した一隻の船に乗り、しかし行き先のわからない航海を続けていた時代を経て、いまやその「モダニズム」という船からみんな放り出され、モダニズムのコンテンツが溶けてポタージュのようになった大海原で、建築家たちがバラバラになってどこへ向かっているかわからないまま漂っているという状態をあらわしたも

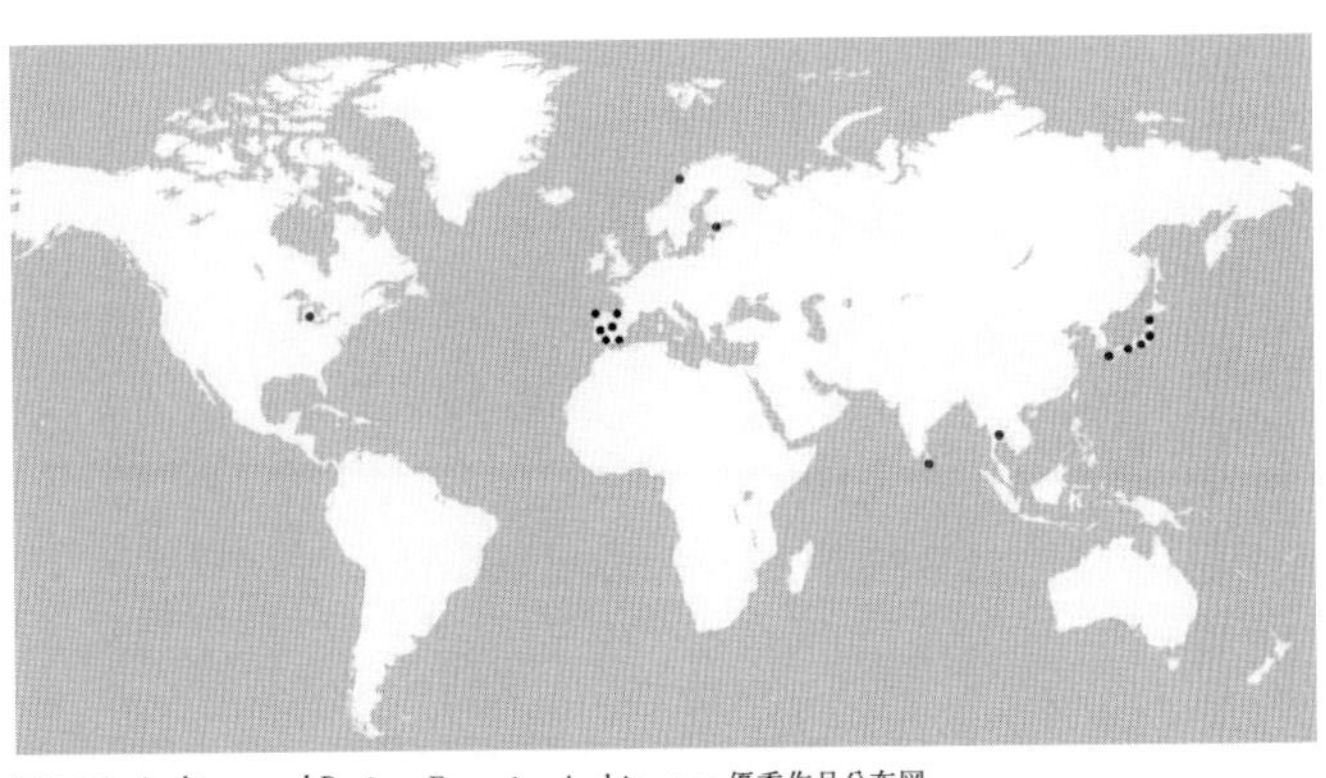

図2-13 *Architectural Review* Emerging Architecture 優秀作品分布図

のである。逆に言うと、いまの大海原は誰もが自由に泳ぐことができる状態にあるということでもある。しかし、この大海原はフラットな状態ではない。必ずうねりがある。

では次に来る大きなうねりは何かというと、マニフェストや特別のスタイルをもたない、「共感」がつくり出すある種のヒューマニズムではないかというのが、私が2012年に『新建築』誌の「漂うモダニズム」のなかで書いたことである。

そのひとつのいい例として、雑誌 *Architectural Review* が毎年若い建築家の面白そうな作品を選び出して発表している "*Emerging Architecture*" という特集がある。図2-13の地図は2011年に掲載された優秀作品の分布図である。今回ヴェネチア・ビエンナーレで金獅子賞を受賞したスペインは、危機的な経済状態の中で、ほとんど建築の仕事がなくなってしまったという状況にある。また日本も東日本大震災の影響でそれほど若い人に大きなチャンスがないにもかかわらず、スペインや日本は分布が濃くなっている。

もうひとつ面白いのは、こうした若い建築家による優れた建築が、ロンドンやパリやニューヨークといった都市につくられるのではなくて、スリランカやタイ、あるいはエストニア、アメリカでもミシガン州のあまり知られていないところに分布しているということだ。そういうところに生まれた建築が評価されているのは、審査員の共感によるものだと思う。審査員がインターナショナルなレベルで、日本を含めていくつかのプロジェクトに対して共感をもったということがいえるのではないだろうか。

共感のシステムづくり

その中で非常に興味深かったのは、子どもに関する施設、あるいは子どものいる風景がこの*Architectural Review*のなかで採り上げられているということである（図2-14）。これは人間というのはある種の共通のビヘイビアを見たときに、どこか共感を覚えるということだと思う。これらの写真は若い建築家の作品であるが、こうした子どもの行動やしぐさというものを見たときに、特に共感するものがあるということなのだろう。これは、これから民兵の建築家たちにとっても非常に

設計・監理：米澤隆（米澤隆建築設計事務所）、
野村直毅（竹中工務店設計部）「公文式という建築」

Haugen Zohar Architects「Cave For Kids」

図 2-14　子どものいる風景（*Architectural Review*より）

重要なことになると思っている。ひとつの共感のシステムをさらに広げていく、あるいは強めていく。それをどういうかたちでやればいいかを考えていくということが非常に大事なことになるといえるのではないだろうか。

はからずも、アメリカの雑誌*Architectural Record*が125周年特集号で、10人の建築家に最も影響を受けた作品をそれぞれ挙げてもらっているが、そのときに私はアムステルダムにあるアルド・ファン・アイクの孤児院「子供の家」を挙げたことを思い出す。もちろんこれを選んだのは、この建築の空間構成が、彼の子どものふるまいと子どもの視線構造に対するすぐれた分析からできていること、そしてまた建築全体としてもすぐれた作品になっていることが決定的な理由であったのだが。

21世紀のAnother Utopia「オープンスペース」

20世紀、われわれ建築家は、建築や都市に基づいたユートピアをつくることには成功しなかった。完全に失敗したといっていい（図2－15）。

私は1950年代に、ハーバード大学の修士課程を修了したあと1年間ニューヨークの建築事務所で働いていたことがある。また2010年代に入って、ニューヨークでいくつかのプロジェクトも手がけていたとき、自分にとってニューヨークの原風景とは何だろう、と考えた。それらはセ

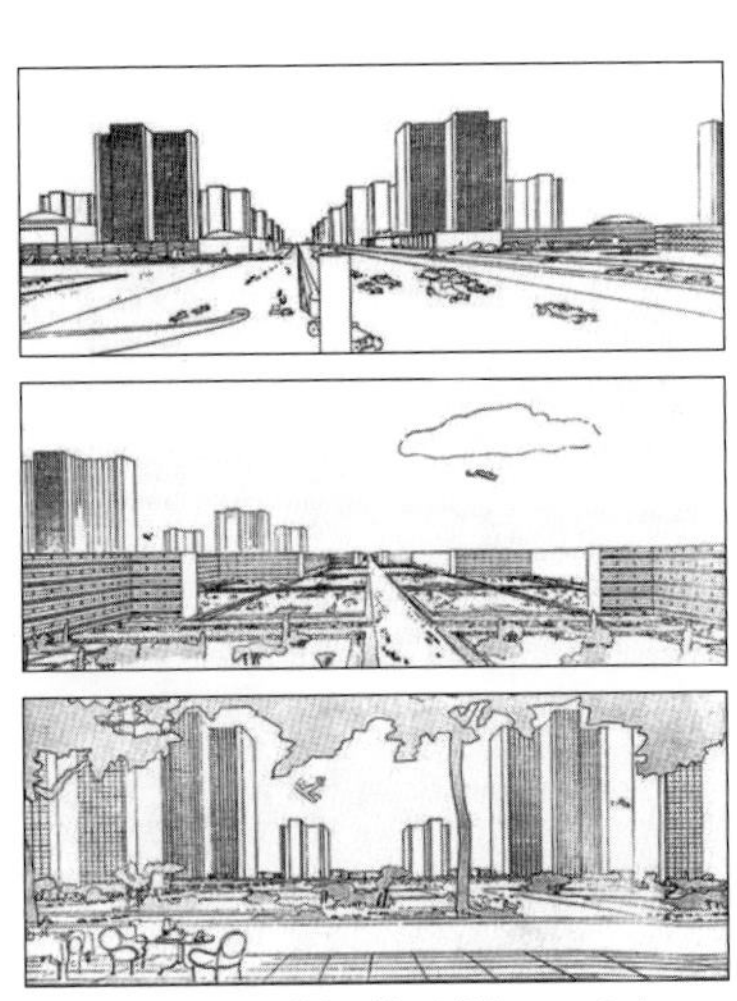

図2-15　20世紀の建築家が描いた都市のユートピア

ントラルパークであり、MoMA（ニューヨーク近代美術館）の彫刻ガーデンやロックフェラーセンターのスケートリンク、ワシントンスクエアといったオープンスペースである。また、ニューヨークを南北に走るアヴェニューやそれと交錯するいくつものストリート、古びたビル群の中を走る古びた高架鉄道も、私にとってはニューヨークの原風景である。これらの道もオープンスペースといっていいと思う。

奥野健男（おくのたけお）は『文学における原風景』[注2]の中で、われわれの都市の原風景は、下町に住む子どもにとっては路地空間、山の手に住む子どもにとっては原っぱであり、その原風景が現在の都市の存在感と密接につながっていると書いている。私も子どもの頃、家の近くの原っぱで友だちと遊んだ記憶はいまでも鮮やかなままである。このようにオープンスペースの記憶や経験が人間にとって重要であるなら、私はオープンスペースというものを中心に都市や建築のあり方をもう一度考えていったらどうかと思うようになって、2015年に『新建築』誌に「Another Utopia」という記事を書いた。いまの東京も、皇居と皇居前広場というあの広大な空間をもたない東京は想像できないし、皇居空間のまわりに配置された東京駅や商業空間、官庁街、文化施設や教育施設なども、皇居空間というオープンスペースにし分けられてそれぞれ秩序のある領域を構築している。

私はまた「Another Utopia」の中で、オープンスペースの規模の大小を問わなければ、対象領域は無限にあると書いたが、私が民兵の建築家たちに申し上げたいのは、前述した〈あんこ〉のところにもオープンスペースを考えることができるということである。現に江戸時代には、小さなオープンスペースが江戸のまちのなかにいくつも設けられ、見物客でにぎわっている様子を描いた浮世絵が残されている（図2－16）。それを見ると、社寺仏閣の境内が花見の名所になることも多かったことがわかる。

ヒルサイドテラスも、あちこちに分散している中庭や塚といった小広場が核となって、日本では珍しい都市の風景をつくり上げてきた。そしてそれらの小広場が接着剤となって住んでいる人たちや利用している人たちのコミュニティが自然とつくられるようになった。壁や天井で囲まれている建築物よりも、広場というオープンな空間のほうが、はるかに住んでいる人や利用する人も意見

図2-16 歌川広重「増上寺塔赤羽根」

を言いやすく、参加しやすいこともあるだろう。そして利用者から出てきたよいアイディアを容易に取り入れ、実現できるのがオープンスペースであると思う。

また、いま日本は少子高齢化で空き家がどんどん増えている。それをどうするかという深刻な問題を公共機関は抱えているから、そういう問題の解決にも建築家は参加していくことができるのではないか。そうであれば、民兵の建築家たちも、〈あんこ〉の中にも新しい可能性を探っていくことができるのではないか。建築家の重要な使命のひとつに、われわれの社会が潜在的にもっている、しかしまだ顕在化されていないさまざまなニーズを見つけ出し、それを実現するということがある。たとえささやかなスケールであっても、これらの仕事はこれからの建築家に課せられた重要な使命のひとつである。しかし、軍隊の中にいると、そういうニーズはなかなか探し出せない。軍隊ではトップダウンの命令に従って行動しなければならないからである。だから、いまの日本は、逆に言えば、民兵たちにとって、ある意味で限りなく自由に満ちた時代に入ったと言えるかもしれない。今回の帰国展を拝見し、そのような可能性を感じている。

民兵建築家の新しいフロンティア

もう一度繰り返すと、これから民兵の建築家たちがどういうかたちで活動できるか。そのテリトリー、戦場をどのように広げていくか。その中では、「共感のシステム」というものが非常に重要になってくる。さらにもうひとつは、オープンスペースというものに対して、さらにいろいろ注目して、新しい可能性を日本の都市の中の〈あんこ〉につくることができないか。そういう問題提起を私のほうからもさせていただきたいと思う。

1　バリー・シェルトン著、*Learning from the Japanese City*（邦題『日本の都市から学ぶこと』、２０１４、鹿島出版会

2　奥野健男著、『文学における原風景』、１９７２、集英社

第3章

ディスカッション
en[縁]:アート・オブ・ネクサス、その先へ

モデレーター:塚本由晴+山名善之
パネリスト:槇 文彦+西田 司+猪熊 純
+能作文徳+伊藤 暁

人間とは何か

塚本　槇さんからの問いかけが皆さんの活動とどんなかたちでつながっているのか、ということをお話しいただければと思うのですが、それは最後に伺うことにしましょう。

この4人の、なごやかで、穏やかで、きめの細かい若い建築家たちの間に、実は対立軸があるということを意地悪く掘り出していくのも私の役割だと思うので、最初はそのことを考えてみたいと思います。

皆さんの活動は非常に面白いのですが、似たような概念を違ったかたちで語っているようにも思います。例えば、〈人間〉とか〈だれもが生きていける社会〉とか。とにかく人間というものについていろんな表現がなされていますが、それが時代や状況によって変わりうることに対して、われわれはどう向き合ったらいいか、という問題があります。

例えば、山名さんのお話にあるように、1920年代のモダニズムの黎明期には、「規範」を求める意識が強く、その中でモダニズム建築もつくられていった。建築がつくられるということは、そこに想定された人間像というものが当然ありますので、それが物質化し、建築の空間になって伝播していくと、そこで暮らす人たちはそこに埋め込まれた〈想定された人間像〉を自然なこととして受け止めてしまう。つまり新しい人間像が環境化されていく。そこに建築は大きな力をもってしまうわけです。それがどう変わってきたのか、一度議論したほうがいいと思います。

なぜかというと、日本人にとって第一次世界大戦とヒューマニティの関係性、それとモダニズムの関係性というのが分かりにくいんですよ。第二次世界大戦は、日本の国全体が巻き込まれ、人びとの暮らしが徹底的に破壊された。そこからの再生として、戦後民主主義が出てくる感じは、たぶん世代がここまで離れたとしてもまだなんとか分かるような気がしますが、第一次世界大戦が、どのようにヨーロッパの人たちに「人間」というものの考え直しを迫り、かつそのことがモダニズムの建築やデザインに影響を与えたのか？

これは〈ひとつの船〉という槇先生の表現や、山名さんが話された「規範」と関係があると思います。この問題をまず共有したいと思うのですが、山名さんはどのようにお考えですか。

第一次世界大戦とヒューマニティとモダニズム

山名　モダニズムという言い方自体が「規範」という考えを前提としたものです。『建築をめざして』においてもル・コルビュジエは第一次世界大戦後の新しい世界を建築から描き出し、第二次産業革命によってフェーズの変わった社会のあり方を建築から組み替えることを目指しました。「住宅は住む機械である」。この言葉は機械主義、つまり機能主義の考えや管理社会を肯定したもので

山名善之

あるかのように誤解されがちですが、ル・コルビュジエの本心はそうではなく、チャーリー・チャップリンの『モダン・タイムズ』に描かれる〈機械のような都市〉〈機械のような住宅〉にどう対峙していけば人間は幸せになれるのか、ということの探求を続けます。

槇先生からご指摘があったように、大きな通り沿いの大きな建築をつくっているのは、「軍隊」に象徴される資本主義の合理性によって保障された〈機械的産業社会〉です。こうした軍隊的な建築、都市のつくられ方の勢いが増したのは、まさに第一次世界大戦後からで、それが21世紀に入り金融社会、新自由主義に移行するのと同時に、その枠組みは強くなるばかりです。現在は情報社会における産業の時代、第四次産業革命の時代と言われ、資本流動化により人間のスケールを超えた「見えない軍隊」によって街はつくられるようになってしまいました。

資本主義によってインダストリーと建築が結びついたことが、こうした状況を生み出しました。この工業化社会の現実をドイツ工作連盟の建築家たちが〈叙事的〉にとらえたのに対し、ル・コルビュジエはそれを〈リリスム（叙情）〉としてとらえ、そのことにより〈工業化の美学〉を提示します。ユートピストだと批判されることもありますが、そこにル・コルビュジエの魅力があります。

われわれはさまざまな建築雑誌を当たり前のように今まで読んできました。資本主義によってインダストリーと建築が結びついてきた状況とともに建築雑誌が発刊されてきましたが、第一次世界大戦終了を機に、それまでの技術や事例の紹介に留まらず、新しい建築のあり方、つまり「規範」をプロパガンダする趣向が強まります。例えば第一次世界大戦の後、ル・コルビュジエらが自分たちの考えた〈規範〉をプロパガンダするために、1920〜1925年にかけて雑誌*L'Esprit Nouveau*（エスプリ・ヌーヴォー）を発刊します。1930年からは*L'Architecture d'Aujourd'hui*（今日の建築）という雑誌も発刊されていきます。日本においても『新建築』『国際建築』が1925年に発刊され、モダニズム建築の「規範」が日本でも紹介され、「これがモダン・ムーブメント（近代建築運動）なのか！」ということで、日本はずっとモダニズムとして、その「規範」を追いかけてきました。これは建築に留まらず、日本の社会全体がその渦の中にこの時以来巻き込まれてきました。第一次世界大戦後の国際的位置によるところも大きいですが、建築においても日本はこのモダン・ムーブメントの流れを非西欧国として唯一、同時代的に発展させていきます。しかし、日本においては一部の建築家を除いて、モダニズム、つまりモダン・ムーブメントの〈規範〉としての理解に留まり〈リリスム〈叙情〉〉としての理解が欠如していた。ほかの国、地域同様にここに悲劇があります。

モダニズムに対する批判

山名　1950年代からモダニズムに対する批判が始まりますが、21世紀に入る頃には、そういった大きな機械に取り込まれたときに、はたしてわれわれは幸せになれたのだろうか。みんな〈標準的な生活〉を目指してきましたが、機械主義が求めていたような人間の生活というものに疑問をもち始めるようになるわけです。

そうした状況の中で今回ヴェネチアア・ビエンナーレの会場で感じたのは、ヨーロッパ勢に限らずいまだにモダニズムやその規範に対するあこがれをもち、〈近代的な〉〈民主的な〉社会を追いかけ続けている人が多いということです。同時にその先にユートピアもなく、閉塞感を感じている人も多くいました。そのような人びとは紋切り型のモダニズムの外側に非西洋である日本はあるのではないかという期待感もありました。その一方で、日本はモダニズムの洗礼を少なからず受けているから、われわれと同じ考え方で理解し得る範囲内にあるのではないか。

そう考えていくと日本の位置というのは非常に面白くて、第一次世界大戦前後につくられたものは、ヨーロッパ的な観念をもちつつ、けれどわれわれは違った感性をもっているものだったということに気づかされました。ある種のナイーブさというか、自然に対する共感とか、宗教感の違いによるものとは簡単には言えませんが、風土という観念をもち合わせているわれわれは、そういう欧米社会とは違うものを感性としてもっているということを自覚するようになりました。

槇　いまのお話には非常に共感します。ヨーロッパの人にとって、第一次世界大戦というのは帝国主義、つまりそれぞれが大きな植民地をもった帝国同士の戦いだった。帝国主義というのは植民地主義ですね。それが国際連盟というかたちで、そうであってはならないんだということになっていくのが第二次世界大戦後だと思います。

ちょうどビエンナーレのあった２０１６年の頃は、ヨーロッパに大量の難民が押し寄せて大変なことになっていた時期で、各国のパビリオンでの出展内容にも影響を与えていたようですね。結局あれは帝国主義のひとつの帰結といいますか、彼らがかつて植民地にしていたところから、ブーメランのようにかつての宗主国に向かって難民が押し寄せてきているということでもあります。

ということで、第一次世界大戦がつくり出した多くの矛盾に対して、日本は少しそこから外れていた。確かに日清・日露戦争に勝ったことで帝国主義の流れに日本が乗って、ああいう第二次世界大戦の惨めな結果を引き起こすことになるのですが、そこら辺は非常に大きな、しかも人間の、あるいは国というものに対する大事な転機だったと言えると思います。

人びとの想いをデザインする建築

塚本　建築のデザインというのは、いまも昔も人びとの——人びとという言い方も難しいのですが——想いを形にするということで、それがない限りは社会の安定は実現できないわけですが、そのときどきの人びとの想いというものは相当違うはずですね。

こんな乱暴な整理をすると怒られるかもしれませんが、モダニズムの中の、特にインターナショナル・スタイルというのは、どこでもつくることができるんだ、それが新しい生活革命に対応したものになるんだ、というあの言い方も、国境というものをどこかで相対化したい、つまり国境なんてなければいいんだ、という想いが、戦争の苦い経験の中から強い想いとして出てきていたのではないかというのがまずひとつ。

槇　国境がないということは、例えばEUというのはそのひとつの例ですね。

塚本　そうですね。それにオーバーラップするかたちで、山名さんが指摘されている工業化という問題があって、産業革命以降の人間が異常な生産性を獲得してしまったので、バナキュラーな集落

槇 文彦

とか家の中に押し込めておくことができない活動性、生産性が非常に高い人間に変わってしまったわけですね。その時に、何かいままでの〈縛り〉というものを破壊するための概念が必要で、それがひとつはマルクスが言うような「歴史学的弁証法」であり、建築のほうでは「空間」だった。場というものは動かせないけれども、空間は動かせて、どこにでも再現できる。これがインターナショナルスタイルの原理として出てくる。

だから、第一次世界大戦のすごく苦い経験がもたらしたヒューマニズム的想いと、生産性を獲得しすぎてこれまでの世界が窮屈になってしまった人間が重なっている時代があって、それがモダニズムという強力なイデオロギーを推進したのではないか。そのあといろんな紆余曲折があるわけですが、話は急にいまの日本に飛んで、では人間とは何なのか、ということを同じ土俵で議論してみたいと思います。そうすれば当時との比較でいま自分たちがどこにいるのかがわかりやすくなるのではないかと思います。

ビエンナーレに出展された一つひとつのプロジェクトを通して、いまの日本の社会のあり方が分かってきたのが楽しかったと山名さんはおっしゃった。ひとつの「規範」に絞られず、いろいろあると。ただ、似た議論は、80年代にもありました。日本の経済が非常に好調で、個人消費、個人主義を称揚するかたちで多様性が叫ばれた。でもそれだと「みんなそれぞれでいいじゃないか」という相対主義に陥ってしまう。それでは――今日の言葉で言えば――〈共感〉を得られない。もう一度、槇先生がおっしゃる〈うねり〉みたいなものとして、共感を軸に人びとがまとまり始めている。それこそが建築をつくる根拠になっていくという展開じゃないかなと。

「人」のネットワークがつくり出す内と外

塚本　そこで、今日お集まりの4人の建築家が、山名さんがおっしゃった、多様化している人びとの想いとか、規範とか、人間像とか、そういうものをそれぞれどうとらえているのかお聞きしたい。「人の縁」と「モノの縁」はだいぶ違うので、最初の対立軸をそこに置いてみたい。「人の縁」はコ

塚本由晴

ミュニティの輪をつくるわけですが、するとどうしようもないことに、その輪の〈外側〉ができてしまう。伊藤さんがビエンナーレをご覧になった感想として、難民問題に直面したヨーロッパ各国の展示を見ていると、モダニズムがずっと考えてこなかった〈外側〉がいまどんどん内側に入り込んできていて、それでモダニズムの建築家たちはやり方がわからなくなって混乱している印象を受けたと言っていましたが、同じことはスケールを変え、日常の中でも起こっていると思います。

「縁」を意識することは、その〈外側〉を同時につくり出してしまうわけですが、それが問題になる場合と、ならない場合がある。建築家が現実にプロジェクトを実践できるのは、その境界を知っているから。どこからダメで、どこま

能作文德

でありか、縁が極端な排他性を生んでしまうことにならずにいけるのか。

それに対して、能作さんはアクターネットワークを通して、モノも人も技術も区別なくつないでいく。どうですか。能作さんが「人の縁」を批判すると面白いと思うな(笑)。

能作　「人の縁」の限界について述べてみたいと思います(笑)。20世紀は工業化によって生産性を上げてきたという話がありました。特に第二次世界大戦後の急速な人口増加、都市化、経済成長はグレート・アクセラレーションと呼ばれています。その結果、地球規模で気候変動や環境汚染、生態系の破壊が起きています。人間社会の発展がこのようなかたちでブーメランのように返ってきました。「人」だけを考えていてはうまくいかないということがどん

猪熊 純

どん明らかになってきたわけです。「モノ」と「人」という両方をネットワークとしてとらえて、それをどう自分たちの設計の中に取り込むかを考えていくことが大事じゃないか。そういうモノを僕は「モノの縁」と考えています。「人の縁」は、ある意味で人間社会で閉じている考え方です。小さい集まりを射程にしているのではないかと思っているんですが……。

塚本　どうですか、猪熊さん。

猪熊　まずご指摘のあった「人の縁」には〈外側ができてしまう〉という問題に関してですが、そのこと自体が大きな問題だとは思っていません。実際には、現代人はいろいろなコミュニティ（もしかしたらアソシエーションと言うべきかもしれません）に所属をしており、仕事も子育ても遊びも趣味も宗教も、すべて同じ枠の中に閉じて入っているわけではありません。私たちがイメージしているのは個人がアソシエーションを渡り歩く状態、個人が主体であってそれぞれがネットワーク状につながっている状態です。実際、人はいろいろなところに行って、建築はたまたまその瞬間に、アソシエーションの場を提供しているだけです。建築には中と外がありますが、人は出たり入ったり、動的な存在だと思うんですね。その中で〈どこからも排除されている人がいない〉ことが大切だと思っています。

それから、能作さんのおっしゃっていた、モノも含めてつながりを考えるという話ですが、これは直接の人のつながりとは異なる、モノを媒介することで可能になる人のつながりのことだと思います。人―モノ―モノ―人のような。確かにこうしてつながった人は、想像もしないつながりを生みそうでワクワクします。でも人のつながりも、人―人―人―人のように4段階くらいつなげれば、同じなのかもしれません。

塚本　ちょっと言葉尻を捕らえるようで悪いけれども、例えば「だれもが自由に生きられる社会」というと、自由民主党みたいな言い方じゃないかなあって思うんですよね（笑）。それは具体に触れている現場からの言葉としては、一般的すぎる感じがしなくもない、まあ、そこには猪熊さんたちの想定する人間像が投影されているんでしょうね。

猪熊　だれもが自由に生きられる、という言葉を政治的に解決しようとすると制度になってしまいますが、建築は個別の取り組みですから、基本的にはゼロベースで個別の「人」にフォーカスせざるを得ません。ただ、計画の大きさによってそれは異なるイメージで、住宅のような規模であれば、当然「この人」という個人になります。もう少し大きな規模では、少し抽象化されながらも、具体のイメージのある人になります。これが建築の良さだと思います。一方で、個別の取り組みを積み上げるだけではなく、建築では解決できない問題も含めて、いったん社会全体のゴールを定めることも必要だと思っています。

「つくる」と「使う」をつなぐ「人」のネットワーク

塚本　西田さんにも加わってほしいんですが、建築というのは「つくる」がとにかく価値だった時代から、「つくる」と「使う」の関係、あるいは竣工後のあり方への配慮も含めて建築を考える時代になってきたとおっしゃっていますよね。「つくる」と「使う」を対比させるのは明快でいいと思いますが、そうすると人間は、「使う」ということにおいて合理化された存在になっていく。20世紀は「つくる」生産の論理の拡大段階で、場所から人間を解き放っていったと考えるなら、生産を再び場所やコミュニティに位置付け直すのは意味があると思います。そうなると「つくる」と「使う」はもはや別なものとして区別しにくくなっていくように思いますが、いかがでしょうか？

西田　先ほど山名さんが分析された、工業的な話と第一次世界大戦の話のセットアップは非常に納

西田 司

得させられました。産業革命が起こって生産性が上がっていくと同時に、人間の生き方まで効率重視になってきた。都市にあるオフィスや住居はビルや団地の中で、壁をつくり区画されていくようになっていき、建築をつくることイコール壁をつくることが20世紀の都市だったと思います。

それに対して産業革命は、第一次が石炭で、第二次が石油で、第三次がインターネットと言われています。僕が大学生の時にインターネットは始まったのですが、そこで生まれていく人と人のネットワークというのは、オープンエンドだという話があります。

それをベースに僕らは壁をつくるのではないアプローチを模索し設計をするのですが、では本当にオープンエンドなのかというと、意外とそんなこともない。「自分のまわりにいる人たちが幸せだったらいいよね」ぐらいの気持ちをみんながもっています。人のネットワークという時、どこまでが領域なのかという話ではなく、たぶん「この人とこの人と……、ここぐらいまで」はなんとなく自分の領域と感じているということだと思います。

なので、そこには〈内と外〉は生まれてはいなくて、実際はオープンエンドであっても、そのオープンエンドの中に「この辺かな」という自分の領域を設定している人が複数共存しているという状態なのだと思います。設計者が一方向的に領域を設定するのではなく、使い手それぞれが、自分の経験で環境をカスタマイズして領域を発生させているのが第3次産業革命後の現代です。都市空間の中で、どう人の集まる場所が生まれているかと観察すると、以前のような地縁ではなく、興味が一緒とか、気が合うみたいな、そういう顔が見える小さな関係性がきっかけになって生まれていると思うんです。

いま塚本さんが説明されたように、僕らが建築に取り込みたいと思っているのは、そこに発生しているいろんな使い方のアイディアとかニーズですね。計画学的な、機能主義で原理的にものごとをつくるのとは違う方法を探している。槇先生がオープンスペース、つまり余白的なものにもっと価値が生まれるのではないかと言われました。その余白に対して建築家だけが「こういうものがつくれるよ」と言うのではなく、使う側の人びとも、経験的に「これはもっとこういうものを取り込んだらいいのではないか」という関わり方をしていく。そういう経験則の分かち合いだと思います。

僕らは設計者であると同時に、その経験則を一緒に学んでいく集合体だと思っています。その経験則を取り込むことで生まれる建築というのは、いままでのビルディングタイプではどうしても用途的にできなかったことが、複合的にできるようになるのではないか。経験的なものが入ることで、「〇〇の場」といわれていたものが「〇〇プラス経験の場」になるというようなことが起こる。

分かりやすく言うと、小学校であれば、小学校という使い方だけでなくて、例えば地域の人が混ざると「そこにおじいちゃんも教えられる場があるよ」といったことが考えられる。またヨーロッパは、公園にバーベキュー場が出来ると、バーベキューだけじゃなくて、文化的な背景の異なる民族同士が互いを知るきっかけになる包摂的な場になるというような環境が実際に生まれています。都市をそこにあるものだと思うだけでなく、自分で使いカスタマイズしていく対象だと思う人が増えていくと、目線がぐっと人の集まり方にフォーカスされるようになり、設計する際にいろいろやってみたことによって知り得たことを少し取り込んでいけば、都市を更新し建築を更新することができるのではないか。そういう生きる知恵みたいなことを「人の縁」が生み出す価値と考えています。

伊藤 暁

近代化で変わったものと変わらないもの

塚本　それはたぶんスキルみたいなものがボンドになって、学び合い、教え合いということが起こっていって、それが場をつくっていくということですよね。スキルには、例えば料理するには食材が必要というように、資源、ものが当然介在しているけれども、都市を考えるときには、抽象化された「アクティビティ」というような言い方になってしまう。そこはもっと具体的なものや資源について話すといいんじゃないでしょうか。

それは「社会に合わせるようなやり方は、長い目で見ると不幸になる」という伊藤さんのスタンスにつながっていくのですが、一方で猪熊さんは「社会が変わると建築が変わる」と言う。

ふたつの意見は鋭い対立を示しているわけですが、伊藤さんはどう思いました?

伊藤　正直に言うと、猪熊さんの話にはすごく刺激を受けるんですが、それにしても社会に適合しすぎていると思っていて……(笑)。

塚本　だから仕事が来る(笑)。

伊藤　そうなんです(笑)。それは僕も一番学ばなきゃいけないところなんですけど(笑)。

ただ、僕が神山町という「田舎」と呼ばれるような場所で仕事をして見えてきたことは、社会に適合するとか、社会が変わっていったところに合わせるような建築の考え方というのは、その瞬間はいいかもしれないけれども、もうちょっと長い時間軸で見ると、必ずしもそれが最適解とは言えないのではないか、ということなんです。だから、社会に適合しようとしているつもりが、一方で社会はすごい速さで変化していて、その結果社会に翻弄されて、結局社会においてけぼりにされることが、あちこちで起きているということですね。

例えば、神山町は山の中にある町で、そのほとんどが傾斜地です。かつてこの地で人間が生活を始めた頃、人びとは山を切り開き、石垣を積んで平場をつくり、そこに食べるための芋や麦を植えて自給自足の生活を営んでいた。ところがだんだんと交通インフラが発達してくると、つまり地域が近代化していくと、山を下りて町に出ることが容易になる。そうすると、平場でつくるものが「自分たちが食べるもの」から「町で売れるもの」に変わります。果樹などをつくってそれを売り、町で買い物をしたほうがいろいろなものを食べることができて生活にバリエーションが出る。生活を営むために必要なものが食料から貨幣に変わるわけです。

だけど、そのうち果樹も売れなくなっていって、その後戦後の住宅ブームが起きると、今度は林業が儲かるらしい、みたいなことになって、みんな果樹を伐ってスギやヒノキを植える。せっかく頑張って木を伐って平場を作ったのに、またそこに木を植えるということが起きる。そしてそれが今どうなっているかというと、林業が衰退していってスギもヒノキも売り物にならなくなり、森が放置されている。近代化する社会に適合しようとしたがゆえに、そのスピードのギャップに絡め捕られて、生活の基盤だった場所が負の遺産のように扱われているという状況になってしまっているわけです。

さっき近代化の話がありましたが、生産性が上がるということが社会に何をもたらしたかというと、変化のスピードがものすごく速くなったわけですね。例えば、ミラノ大聖堂の工期は５００年であるというような、建築はそういう時間軸をもっていたわけですが、近代のスピードはこうしたあり方を許さなくなった。一方で、夏は暑くて冬は寒いとか、夜は暗くて昼間は明るいとか、人間は夜寝なきゃだめとか、食べなきゃ死ぬとか、歳をとったら体が動きにくくなるというような変わりにくいこともあるわけです。それをきちんと等価に見ていかないといけない。変わったことばかりが気になって、そこだけにアジャストしようとしていると、変わらなくてもいいものまで変わっていってしまうのではないかなと思います。

そこはきちんと判別しなくてはいけなくて、その手掛かりはたぶん、いわゆる「近代」ということでくくられてきたものの外側に漂っているのではないか。それを拾いにいくことが、僕らがいままで見落としてきたものをもう一度つかみ取るために重要なんじゃないかという、そんな感じがしていますね。

塚本　いまの変わらないものの話を受けると、でもそれがいつの間にか産業化の中で壊されてきた可能性もあるわけです。非常に重要なところだと思います。能作さんが長いネットワークを説明するときに使う、丸がいっぱい入っている図がありますよね。もう少し説明してくれませんか？

「産業化」による分断

能作　「アクターネットワークと建築のアイデンティティ」の図（図3-1）ですね。

「建築におけるモノのネットワーク」には、「建築部材」があって、「製品」があって、その先に「加工」のプロセスがあり、「原材料」があり、最後に「自然」がある。この構図を、仮に建築を中心に図式化すると、さまざまな部材が建築で使われているので、それぞれの「自然」に遡ることができます。

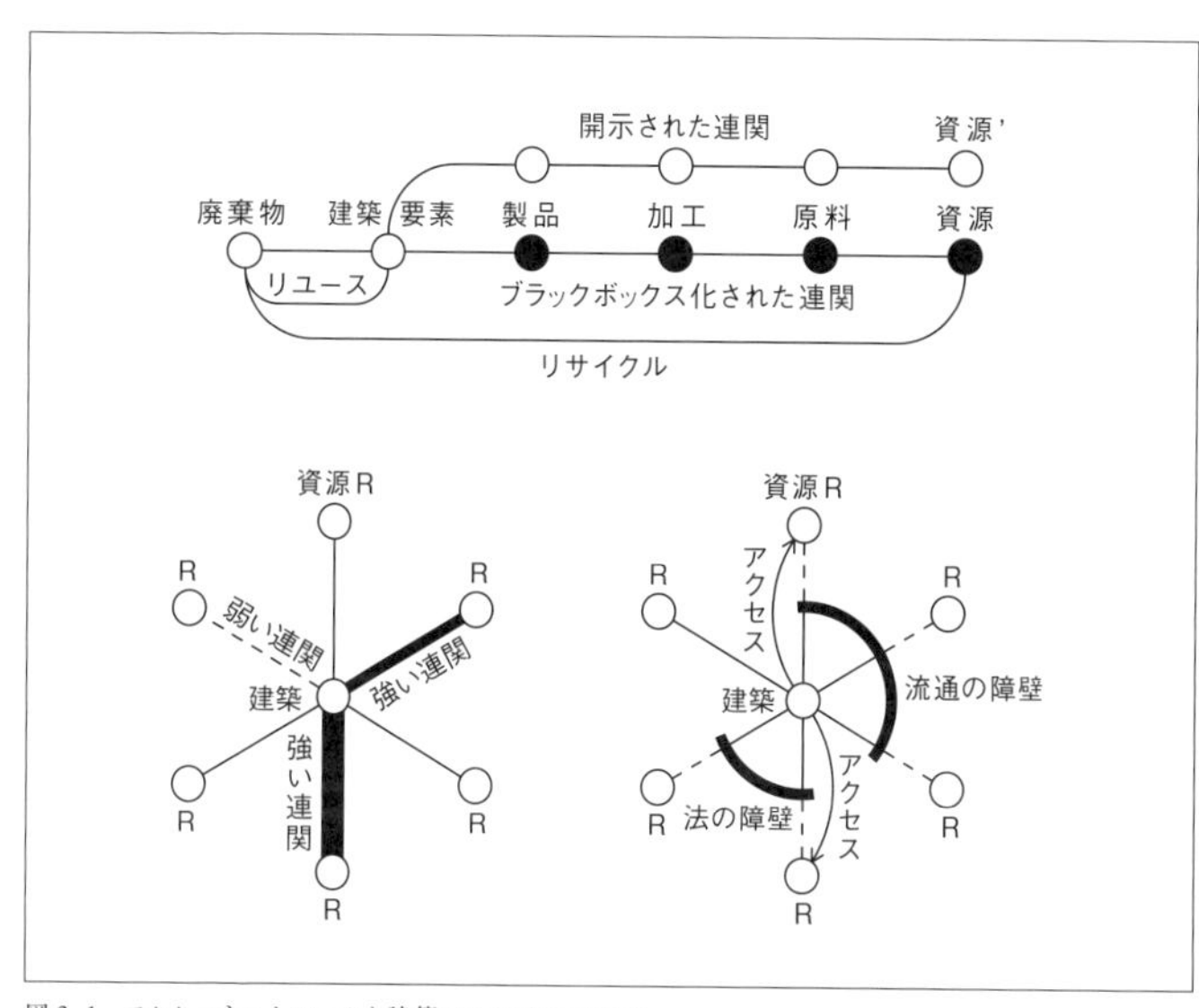

図3-1　アクターネットワークと建築のアイデンティティ

「長いネットワーク」というのは、例えばイタリアから石を輸入したりとか、北アメリカから合板を輸入したりとか、あるいは中国の労働者に働いてもらうといったもので、「短いネットワーク」は、地元の大工さんが地元のマテリアルでつくるというものですが、実際は「短いネットワークと長いネットワーク」が組み合わさっていると思います。

建築というのは、この「モノのネットワーク」の図式でいくと、僕たちは「建築部材」の先にある「製品」を選んで設計しているのですが、その先の、「加工」しているプロセス、あるいは「原材料」がどこから採れているとか、その先の「自然」がどうなっているか、というのはブラックボックスの状態になっているわけです。

そういうブラックボックス化された「製品」を

カタログやインターネットで選んでいます。建築家のデザインも既製品をどう組み合わせるかという問題に偏っていくことになります。

しかし建築家が製品を選ぶ時に、それがどのようにつくられているかということまで遡って選んでいると、どういう自然とつながっているか、誰につくってもらうかということがわかるので、ブラックボックスが開かれてくる。そのことによって、ネットワークの質が建築のアイデンティティを決めていくと考えています。

塚本　「製品」の上流まで遡ることによってブラックボックスを開け、線で結ばれた白丸が黒丸に変わり「自然」にまでつながる。そういうネットワークの質が建築のアイデンティティになるだろうといわれています。でも実際、世の中で起こっているのはそういう白い丸が、直接その建築とネットワークでつながれていないその他多くの白い丸と、生産、流通、法規制等の別種のネットワークで結ばれ、個別の建築とは関係ないところである種の会議体（アッセンブリー）が成立し、そこでかなり多くの意思決定がなされているということです（笑）。ある白丸はネットワークの中で「ハブ」の役割を果たしているつもりでも、現実にはいろんなハブがあって、野合が行われているということなんですよ。

能作　野合が行われるわけですか（笑）。

塚本　そう、それが個別にはコントロールできない。黒い丸のつながりのところで、民主的に議論される場面もあるけれども、議論が行われているのは必ずしも民主的な場だけではないということが社会的に認められている。しかもそれが、伊藤さんが指摘された〈暮らしの質〉をかなりの割合で決めている現実がある。それに対して建築のデザインがどう手を突っ込んで何をするかが、問題ではないかなと。

「人」による分断

能作　いまお話を聞いていて、もうひとつ「分断」があると思いました。都市的な環境というのは、「資源」とすごく距離が遠い。だから「人」だけで完結できてしまう部分もあるのかなと。伊藤さんは、神山町という中山間地域なので、地場の木材を利用して「ＷＥＥＫ神山」が出来たりしますが、実際は資源との距離に関して都市と田舎の分断が生じています。もしかしたら〈分かり得ない人間〉が出てきてしまう可能性があると思いました。

猪熊　今回の議論の立場的にまず、伊藤さんの神山の傾斜地利用の話から入りたいと思います。社会に合わせて振り回されるのは損だ、という話がありましたが、では振り回されずに生きようとするとどうなるのか。おそらく斜面は、最初の木がただ生えているだけの状態のままということになります。それが最もよい選択なのかが気になるところです。場合によっては何もしないことによって仕事にあぶれる人も出てくるかもしれない。私たちは、林業が儲かるらしいとなった時に、いち早く別な利用方法を提案して、斜面地がすべてスギで埋まるのを防ぎ、多様で豊かな斜面地をつくる建築家になりたいと思っています。建築がもつ「変わらないもの」については、大きな方針が決まった計画を具体化する際に必ず生きると考えていますし、実践しています。

これは大事な話だと思っていて、能作さんの都市と田舎の分断の話にもつながってきます。これを建築家の生態系の話でみると、槇先生が「軍隊」と呼んでいらっしゃる大手の組織事務所の方たちが都市をつくっており、都市の裏側と田舎をアトリエ事務所である「民兵」がつくっている、という対応関係です。精緻なモノのネットワークを組むことは都市では難しく、結果的に外と内をつくらないことを目標とする手法が、軍隊と民兵の分断をつくっています。

私たちが、人に注目し社会に向けて提案するのは、この分断を越境したいと考えているからです。ワンルームマンションを建てたい、という人にシェアハウスを提案するような企画提案は結構行いますし、「りくカフェ」（図3−2）というコミュニティカフェをつくった時にはファンディングや、足りない人材をコンバートなどもして、組織づくりにも関わりました。こうしたスタンスでいることで、最近では企画・デザイン監修といったかたちで、比較的大きな計画にも関われる機会が、少しずつ増えています。こうした、従来の建築家の枠をはみ出した仕事の仕方は、まだまだ社会的には多くはないので、勝手にある種の使命感をもってやっています。

図3-2 成瀬・猪熊建築設計事務所「りくカフェ」

能作　なるほど。

塚本　もう少し若い世代の人たちが、そのやり方に共感するのでしょうね。同世代は自然と役割分担してしまいますから（笑）そちらにはいかないようにと。

能作さんのネットワークの分断の話、西田さんはどう思われますか？

「モノ」による分断

西田　都市だと人のネットワークに限定され、モノのネットワークが介在しない一方、郊外だとモノと人が同時に見えるという話は、粗密の話でいえば確かにそうだと思います。ただ都市の複雑性が「モノの縁」を見づらくしているのに対して、「人の縁」も複雑かというと、意外に人間はそんなに友だちがいないんですよ（笑）。ほんとに。

東京に1300万人住んでいるからといって、その1300万人をみんな知っているわけじゃない。あるエリアで行きつけの場所があって、そこが都市のサードプレイスだとすると、なんとなくそこに集まっているとか、週末になると同じ楽しみを共有している人たちと川原でバーベキューをするとか。結局やっていることとその周囲を取り巻いている交流人口というか、関係する人数は、意外に都市も田舎も変わらないと思います。

それは人間が自分の中で処理できる人の数が限られているからで、田舎の人が全然処理できなくて都市の人は処理できるかというと、そんなことはない。そんなふうに数字で考えることこそモダニズム的な世界だと思うんですね。もう少し、人間がこんなふうに生きたいとか、こんなことを一緒にやっていくと、自分の居場所が生まれるのではないかとか、そこでの感覚値というのは、都市も田舎も同様で、設計をするにも定量的な計画からつくるのではなく、いかに経験的に居場所をつくれるかを考えて設計しています。その際に、固有な場所性は大切で、結構分析します。

確かに槇先生が言われている〈あんこ〉の中は、小さな集まりを認識できる下町があるかもしれないけれど、どうしても外周部の、大きな道路に面しているところに出てくるものは、規制とかでものが決められている。だから、日本の都市の風景はどこへ行ってもかなり似ているみたいなことが起こってしまうということは、事実として分かっているので、どうやって規制をくぐり抜けながら、自分と自分を取り巻く環境をつなぐのか、ということが非常に大事な問題だということは理解しています。

なぜみんな似ているのか

塚本　そろそろ時間もなくなってきましたので、槇先生の「あなたたちの作品は似ている。やっぱり」という話に戻りましょう。穏やかさとか、きめ細やかさとか、それは1937年のパリ万博の坂倉準三（さかくらじゅんぞう）の日本館が評価された時と変わらぬ価値である、あるいは何も超えられていないのではないか、という問題です。皆さんはどう思われますか。伊藤さんがおっしゃっていた「変わらないもの」とも関係しそうですね。

能作　槇先生がおっしゃっていた「日本文化の穏やかできめ細やかな感性」は、私はむしろ劣化していると思っています。先ほど塚本さんが言われたような、急速に産業化されたものに囲まれることによって、例えば、農村というものが日本の文化の基層にあるといわれても、ピンとこない人びとが多くいるはずで、感性が違ったものになりつつあるのではないかと感じます。そこを回復させるには、自然との距離が近くなければいけないと思います。しかし「自然」という概念自体が変容しつつあるように思います。例えば、槇先生が例に出された雨の降り方を表す多様で風情のある言葉が印象的でしたが、地球規模で生じている気候変動の中で、「ゲリラ豪雨」や「キロク雨（記録的短時間大雨）」といった異常な雨の降り方を示す言葉も出てきています。もはや自然は優しく人間を包み込む存在から、人類の活動とハイブリッドした怪物のような存在になりつつあります。その中で自然との共存とは何なのか、もう一度考えないといけません。もうひとつ「穏やかさ、きめ細やかさ」についても似たようなことがいえるのではないかと思います。つまり建築をはじめとするさまざまな環境が、木材などの自然物からプラスチックやビニールなどの石油化学製品の人工物に置き換わっています。どのようなマテリアルに囲まれて生活するかによって人間の感性は変化していきます。自分のリノベーションのプロジェクトで感じたことですが、畳、障子、土壁などのマテリアルには言葉にできない瑞々しくて柔らかな心地よさを感じます。もしかしたら新築の仕事だけでは向き合えなかったかもしれません。こうした日本建築をリユースとかリサイクルすることが、日本文化の感性を回復するきっかけになるのではないかと思っています。プラスチックやビニールなどの石油化学製品が海洋汚染や温暖化につながっていることを視野に入れれば、日本建築のマテリアルは生態学的に再評価できるのではないかと思います。ノスタルジーではなく、エコロジカルであり心地よいという点からです。

猪熊　僕もいま能作さんがおっしゃった日本文化の感性が劣化しているのではないかという話は、本当にそうだなと思っていますね。ただ、今日はあえて「都市で」という立場から言うと、新しい感性の側に新しい可能性を見出すことも面白くなるかもしれないと思っています。ただ、ちゃんと観察はしなければいけなくて、やってみて、これはいかんというものと、これはもしかしたらこれからの未来をつくるかもしれないと思うものを、その都度フィードバックしながら新しい価値の創造をしていきたいと思っています。

伊藤　僕がヴェネチアに行って一番感じたのは、日本の建築というのは、いわゆるヨーロッパ的な王侯貴族の建築文化に立脚しているものとは違うんだなということでした。ノブレス・オブリージュ的な、王侯貴族が大衆に与える施しでもないし、一方で生活者の実践でもなく、その両者の間で揺らいでいるようなものが日本の建築の大きな特徴なのだろうと感じました。

もとを正せば、日本ではモダニズムを輸入したところから近代の建築文化が始まっていて、その生い立ち自体が異なるものの邂逅です。複数の視点があり、複数の根拠がある。今回の日本館の展示は、「施しと実践の間」だからこその成果の収集で、それゆえ「似ている」とも取れるし「乗り越えられていない」ということもできるのかもしれない。一方で、社会が求める施しも生活者の実践も時代背景による違いはあって、そこに反応しているという点では1937年とは異なる部分もある。重要なのは、安易に単純化して整理することを志向するのではなく、複数性を引き受けていくことではないかと考えています。

西田　本日のトークの中で「つくる」と「使う」という言葉で紹介していたものは、言い換えると「空間」と「時間」に相当すると思います。建築には、どちらも必要で、先ほどの変わらないものが空間の問題なのか、時間の問題なのかを僕たちは現代と向き合い模索しています。このとき、使う知恵は、建築の内側にあるのではなく、使い手である人間が暮らす都市や社会にあります。建築は、その都市や社会の歴史や空気を映す鏡であるわけです。建築が似ているということは、日本全体の社会や都市が同質なのかというと、決してそうではありません。ただ本日話に出たように、工業化によって、都市も地方も同じような都市化を目指した時代が長かったので、これからは、地域の暮らしの価値や、そこでの使い手の時間が建築に現れてくる、小さくとも文化や習慣に訴えるようなインフラのような役割の建築が求められていると思います。

〈日本の状態〉建築

塚本　社会背景もクライアントも違うのに、建築は似ている。新しい種類の建物が多いのにです。猪熊さんが設計されたシェアハウスや「りくカフェ」、イノベーション・ラボ（図3-3）なんて、私が建築を勉強し始めた頃には存在しなかった（笑）。そこからタイムマシンで来たら「何やっているんですか？」みたいに（笑）、人のふるまいすら分からないかもしれないのに、その建築の向こう側に日本的感性のような、何となく共通性も見える。異質性と同質性の面白い二重性があるわけです。

図3-3　成瀬・猪熊建築設計事務所「柏の葉オープンイノベーション・ラボ」

先日ノーベル文学賞を受賞したカズオ・イシグロの『日の名残り』という小説を読みました。文庫本の後ろに丸谷才一さんの解説が載っていまして、「イシグロは『イギリスの状態』小説の系譜を再生した」と評されてました。イギリスが最初に産業革命で新しい社会に踏み込んだ分、副作用も大きくて七転八倒し、帝国主義の価値観や体制がガラガラ崩れ、資本主義に置き換えられていく。そういう時代の変化を初めて、しかも最も劇的に経験したイギリスの問題は、哲学でも社会学でもうまくとらえられないほど複雑な様相になってしまった。そんなときにそれをとらえた小説が出てくる。これを〈「イギリスの状態」小説〉というらしいのですが、私は初耳ながら、自分も含め現在の日本の、特に若手の建築家の作品というのは、〈「日本の状態」建築〉だなと思いました。日本はどうしてこんなふうになってきたのか、いま自分たちはどこにいるのか、というのを現場にいながら少し俯瞰しようとしている。最初に山名さんが見せてくれた、ナスカの地上絵をちょっとした梯子の上から見る感じ。別の言い方をするなら、デザインという行為が、自分たちはどこにいて、何をしているのかという、文化人類学や、民族学的な問いに絡む時代に私たちは生きているということかもしれません。それに合わせて言葉や思考、美学もつくり直されるところにきているのではないでしょうか。今日のプレゼンテーションは、やさしくて、なごやかで、穏やかで、決して強い表現には見えないけれども、そこに新しい建築が生まれるポテンシャルがあると期待できました。

最後に槇先生、総括をお願いいたします。

〈日本的なもの〉の再定義

槇　私も皆さんのお話を聞いていて、例えば、なぜ皆さんのプロジェクトがビエンナーレで賞をいただいたかというと、やはりほかの国になかったものが日本にはあるというレコグニションだと思うんですね。さっき能作さんが日本的感性の劣化と言われたけれど、私はそんなに劣化はしていないと思いますよ。むしろいま言われた、これからもう一度、日本的なものというのは何だということを考えながら、それがいま皆さんの言われた立場の中でどんなふうに昇華され、実現されていくか、というのは非常に面白い問題だと思います。

一方において、私から提示させていただいた〈表と裏〉〈あんこと皮〉の話は、実はわれわれが建築をやっていると非常に大きな問題があります。今日は〈あんこ〉の話が多かったのですが、これからの建築の中で、例えばＡＩやディープラーニングのようなものが設計過程にどう入ってくるかとか、皆さんも知っているＢＩＭ（Bulding Information Modeling）というようなものがいま世界的に浸透しつつある状況の中で、やはり設計というわれわれの職能のうえにいろんなプレッシャーがかかってきていることは、みんな感じている。「だから俺はこうするんだ」という発言があっていいとは思うのですが、そういうところにも、いまわれわれ建築デザイン界に対してさまざまな大きな問題があるということですね。

その中で、今日の民兵の皆さんのお話は非常にフレッシュなところがあって、なるほど、こういうことが今後考えられるなという思いでお話を聞いていました。

塚本　ありがとうございました。

第4章　空間から共感へ

西田 司、猪熊 純、能作文徳、伊藤 暁

つくる都市からそこにある都市へ

西田　司

都市計画の終焉からのスタート

全国で都市化が進み、その都市で生まれ、育ち、2000年以降に社会にでた僕たちは、都市をつくるという感覚は正直ない。実際、都市の人口集中により、高密度化、高層化が図られたことや、道路や鉄道の交通インフラが都市内移動を支えるために整えられていることは、既成の事実であり、建築や都市を考える上での前提条件になっている。ギーディオンの『空間・時間・建築』が出版された1941年には700万人都市だった東京は、20世紀後半に拡大し、2000年には1200万人都市になった。500万人増えると、住居も仕事場も必要で、そのニーズで都市化が起こり、建築もその流れに引っ張られ、建築家による都市のシンボル的な建築が多く生まれた。2000年代を境に東京以外の都市では人口減少時代がスタートし、都市化の波が減少傾向に入ると建築家が新たな都市をつくるチャンスはほぼなくなり、日本では都市はつくるものではなく、すでにそこにあるものだという認識が蔓延する。都市はどこに行っても衛生的で安全だが、どこか無機的で、地方に至っては中心市街地が空洞化し始め（更新もおこっているが、それは必要に迫られた性能改善だったりして）、建築家が都市を語ることの無力さのような状況が、そこにはある。それは、つくることを軸にした都市計画やその空間化としての建築に、まったくリアリティをもてないからだと思う。言い換えると、建築をつくることは敷地の中の話で、都市や社会と連続しているという実感をもてなかった。

建築や都市を「使う」という経験

1999年に大学を卒業し、そのまま友人と事務所を始めた僕は、住宅の設計が初めの頃の仕事の大半だった。ちょうど『Casa BRUTUS』が創刊し、建築家と家を建てることが一般化しはじめた時期だった。使い手の暮らしの話を聞きながら、設計を詰めていく過程は、20代だった僕にとって建築を「つくる」ことと、建築を「使う」ことがオーバーラップしていく体験で、明らかに暮らしのスキルがない自分が、施主の「使う」知恵に触れることで、多くの学びがあった。一つひとつの暮らしのスキルは、そのままでは断片でしかないが、建築が構造を与えることで点と点が結ばれていき、最後に一枚の絵が完成するように空間になる。この「つくる」と「使う」が地続きな設計は、当時住宅特有のものと思っていたが、この経験は都市に応用可能と、その後知ることになる。

都市計画の分野でも、2010年以降、都市計画家の若手が蓑原敬（みのはらけい）と議論した『白熱講義 これからの日本に都市計画は必要ですか』[注1]や、その編著者のひとりである饗庭伸が『都市をたたむ――人口減少時代をデザインする都市計画』[注2]などを発刊し、都市をつくるものではなく、いまあるものをひらき、活用していくという流れを健在化した。また欧州でかねてよりパブリックライフを提唱し（『屋外空間の生活とデザイン』[注3]）、都市空間をつくるものではなく使うものとして振る舞いをデザインしていたヤン・ゲールなどは、２０１０年以降の日本で広く参照され浸透している。交通主体でつくられた都市を、コミュニティの居場所に読み変えていく思想や取り組みは、その実践が日本でも実証実験的に始められている（『パブリックライフ学入門』[注4]）。人間スケールで都市をみる視座は、古くは１９６１年のジェイン・ジェイコブスが著した『アメリカ大都市の死と生』[注5]や、１９５７年のギ・ドゥボールが提唱した「シチュアシオニスト（状況主義者）」以降、先進国の中で常々議論されてきているが、日本では都市の人口増加に投資も視点も集中し、床を増やす開発手法が都市を動かしていたため、[注6]つくった都市から学び、経験的な目線で、コミュニティやそこでの暮らしをどう活用し、どう更新していくかの実践的議論は２０００年代までほぼない。

２００９年に竣工した「ヨコハマアパートメント」（図４－１）は、半屋外の土間的な広場を共有する４つの住戸の集合で、住み手は暮らしの中で、広場を共有することで、自分で使い方を考えていくとともに、他の住人や地域の人の不確定な出来事に遭遇する。顔が見える相手の（自分ではない他者の）生活にまつわる関心や価値感に、その時々で反応し、刺激や影響を受けたり、とき

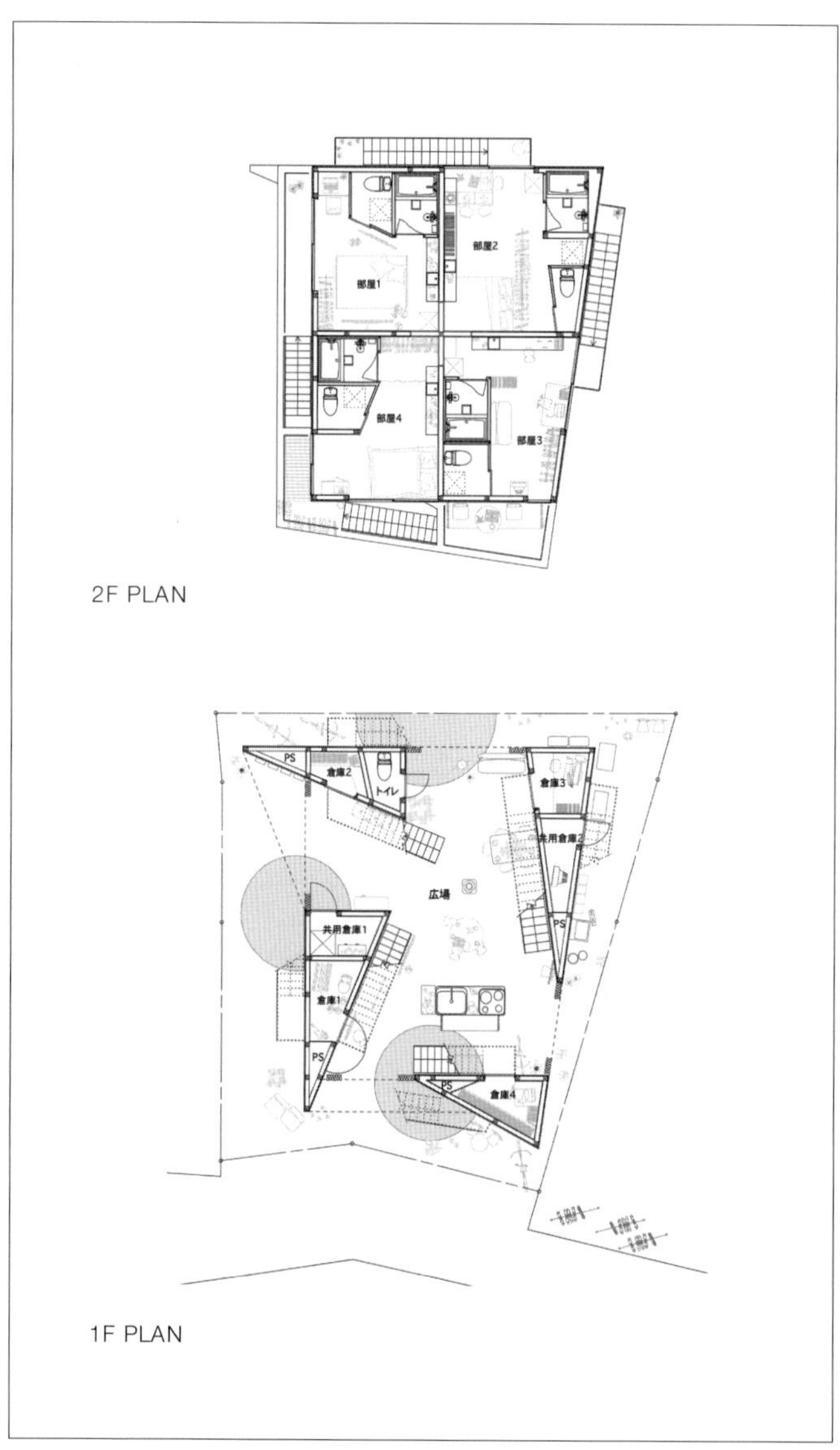

図4-1　「ヨコハマアパートメント」平面図

にはスルーしたりする関係は、例えるならＳＮＳのタイムライン的である。僕はこの場所に、出来て初めの1年間住んで観察してみた。

これまで、公共的なものは行政がつくるものだと考えていたが、この広場は僕にとって放任されたパブリックだった。住み手は広場を〈自分の場所〉として、どう使い、どう楽しむかを考える。友達を呼んでバーベキューをしたり、アートや制作の場にしたり、流しソーメンや書初めなど季節行事に使用したりしていた。それらを誘導することなく、ただ観察し、一緒に楽しんでいた僕は、この経験を通し、生活と近所づきあいと社会と都市は、すべてが地続きで、小さな木賃アパートの共有部でさえも、小さな都市の公共空間になりえると実感した。

「合意形成」から「主体形成」への転換

パブリックの語源は、ラテン語のPublicus（プーブリクス）で「人びとの」という意味である。日本では、これが公共という言葉に置き替えられ使われているが、その際に行政のものというイメージになっている。都市のパブリックは行政のものなのか、自分たち市民のものなのかで、意識が大きく異なる。それはつくる側の意識も、使う側の意識にも波及する。市民参加という言葉が、1980年代から日本で公共建築をつくる時に使われるようになった。ただ、つくる時代の市民参

図4-2 「IRORI石巻」内観（「ishinomaki 2.0」の活動拠点）

加は、「合意形成」が軸で、あるアイデアや建築のゴールが見えている段階で、それを見せて市民に了解をとるというプロセスである。市民の意識はこれから出来る建築のことを事前に知るという程度には醸成でき、知ったから愛着が生まれるかは定かではないが、完成を楽しみにされる。見せないよりマシくらいのものだ。対して、そこにある都市を「使う」時代の市民参加は、「主体形成」が軸で、自分が関わるからには、〇〇したい、という思いを、その設計を通してネットワークしていく。このときの設計は、あくまでプラットフォーム的で、その建築や環境を自分ごととして考えられる市民とともに前進する。これは、竣工すると終わりという「空間の設計」ではなく、つくるも、使うも含めて設計として位置付ける「時間の設計」

である。主体となる市民側も、行政に全部やってもらうという関係から、自分たちが小さくとも街を動かす主体になるという意識が大切だ。[注7]

2011年から関わりはじめた「ishinomaki 2.0」は復興のまちづくりであり、商店街の空きスペース活用でもある（図4-2）。東日本大震災で津波の被害を受けた商店街は、被災前から空洞化が進み、宮城県第二の都市でありながら、かつての賑わいが消え、商店街がある旧市街地は高齢化と後継者不在で都市としての動きが止まっていた。ここで僕たちは、壊れた街が回復していく段階で、コミュニティの主体形成を導くことを意識したまちづくりを始めた。「石巻voice」と名付けた、老若男女問わずヒアリングしたフリーペーパーで街に対する期待や声を集め、そこでの声を頼りに、運用したい人と場所と仲間をつなぎ（関係値を高め）、順に実践していった。行政の復興計画の多くがやるように、全体計画から進めるのではなく、場当たり的な即時性と、それを実現するDIY性とカスタマイズ性を良しとし、用途も場所も、運用したい人と一緒に試行錯誤でつくり（バーやシェアオフィスや本のコミュニティスペースや高校生のITラボや市民工房などの拠点と、夏祭りや屋外映画館や屋台村や子供ワークショップなど仮設的な取り組みの両輪で）、小さくとも参加している人の動きを実感しながら、使い続け、更新しながら手を入れていく。関心ある人の知恵や力が集まり、結果、集合知的にプロジェクトが育ち、変遷していくオープンで共創的な設計。街を全部変えるのではなく、小さくとも人の集まる環境をカスタマイズしながらつくり、結果、点を打つように商店街が少しずつ更新されている。

関係原理の建築が生む時間価値

精神科医、斎藤環（さいとうたまき）が著した『関係する女　所有する男』[注8]によると、男性は所有原理で動き（所有すると満足し次にいき）、女性は関係原理で動く（関係が生まれるとそれを楽しむ）とある。「所有」と「関係」を性差に応じて分析した興味深い本なのだが、この所有と関係の思想の対比は、つくるから使うへのシフトを起こしている都市の状況に大いに当てはまる。都市も建築も、空間をつくることに一生懸命だった時代は、この男性的で所有原理で動いていた時代ともいえる。つくると満足し、次にまたつくる、という拡大再生産が、床を生み、空間に関連する産業を牽引し、つくるサイクルが生まれ、つくり続けていた。対して、現代は空間をつくることで終わらず、いかにそこに生まれた関係を最大化するか、その時間の価値を考える時代といえる。[注9]これは、空間をつくることに奔走していた時代が成熟し、空間をつくることは、イコールそこに生まれる使う主体との時間を設計し、建築を空間的な言語にとどめず時間的言語に読みかえることを意味する。そして、それは決して建築の内側からの動きやアクションにナイーブに閉じることなく、その地域や環境や社会を育む主体の動きと連動し、ラフにかつタフに向き合い続ける時間である。

「所有原理」と「関係原理」のシフトを実感したのが、2016年のen展だった。建築に生じる人やモノや地域との関係性の展示は、荒削りだけど、瑞々しい思考の展示であった。なにより、これまで建築家が扱うには、移ろいやすく不確定と考えられていたもの（自明な関係性だけでなく弱いつながりも）を、確かな実感とともに具象的に表現したことが、日本の現代的な挑戦と映り、審査員特別表彰につながった。関係原理の建築は、関係して終わりではなく、常に関係を楽しむ時間を内包している。それは人の時間に留まらず、地域の時間や、地球環境の時間を含む。その時間価値こそが共感である。関係原理の建築は、誰に対しても開かれている。それは出来上がった建物だけではない。建築の楽しさを、考えたり設計したりすることの価値を、日常生活の豊かさを、一人ひとりが自分のこととして向き合う楽しさを、僕たちは、日々模索している。

1　蓑原敬、饗庭伸、姥浦道生、中島直人、野澤千絵、日埜直彦、藤村龍至、村上暁信著、『白熱講義　これからの日本に都市計画は必要ですか』、2014、学芸出版社

2　饗庭伸著、『都市をたたむ——人口減少時代をデザインする都市計画』、2015、花伝社

3　ヤン・ゲール著、北原理雄訳、『屋外空間の生活とデザイン（SDライブラリー）』、1990、鹿島出版会

4　ヤン・ゲール、ビアギッテ・スヴァア著、鈴木俊治、高松誠治、武田重昭他訳『パブリックライフ学入門』、2016、鹿島出版会

5　ジェーン・ジェイコブス著、黒川紀章訳、『アメリカ大都市の死と生』、1977、鹿島出版会

6　ニューヨークも、ロンドンも、パリも、20世紀後半の50年でほぼ人口が変わっておらず、対して、東京は、人口増加に呼応したニュータウンや再開発などに、信じられないくらいニーズがあり、都市をつくり拡大することが、産業的にも都市経営的にも自明の理で、行政も民間も、それ以外の方法で都市を動かすことをやってきていない（建設投資額の推移をみると一目瞭然で、1960年にわずか4兆円だった建設投資額は、1990年代には80兆円を超え（30年で20倍！　この数字は奇跡的でさえある）、そこから20年で約4割減り、現在50兆円程度を推移している）。つくれば儲かる時代に、ありのままを使うことを話すのは時代錯誤で、投資圧力に動かされていった。現在の日本は、ほかの先進国の都市と同様、人口が増えない時代だからこそ、それでも都市を動かし更新していくにはどうしたらよいか、都市の日常的な豊かさは何かということに意識が向いている。

7　海外ではさまざまな実験的な取り組みがすでに行われている。例えば、ニューヨークでは2002年に市長になったブルームバーグは、地域のコミュニティが公共のストリートなどを広場化させ、主体的にマネジメントでき、カフェをやったり子供の空間などを新たに生み出す都市の公共空間の活用実験「plaza program」を始め、わずか数年で70以上のプラザ（市民が運用する広場的な公共空間）を都市に生み出している。

8　斎藤環著、『関係する女　所有する男』、2009、講談社現代新書

9　産業界全体を眺めても、日本企業がつくって売って拡大していた平成のはじめには世界の企業ベスト30のうち日本企業が21を占めていたが、現在は1社も入っておらず、上位に現れた新しい業種はすべて、第三次産業革命で生まれた関係原理で動く企業ばかりで、google もFacebook もamazon も、関係性を育て、それを継続することを価値にしている時代である。

何のための共感か

猪熊　純

分断を乗り越える共感

これからは共感の時代。いまやアート・ビジネス・教育・スポーツ・まちづくりなどさまざまな分野で耳にする言葉だ。

私たち建築の分野にとっても人ごとではない。保育園の建設で、騒音などのクレームから建設がストップしたり、防音壁に囲まれた息苦しい保育園しか認められなくなったりという話は、しばしば耳にする。敷地境界を境に内側は自由、外側には一切の影響を与えないという、一見理にかなった意見が必要以上に大きくなり、これからの未来をつくる子供たちが、どんな場所で育てられることが幸せか、といった相手の立場に立った想像力（≒共感）が消えてしまった結果だ。こうした想像力が隣人同士で育まれていれば、保育園の建設は中止にもならないし、過剰な防音壁もいらないだろう。園がうまく地域へ開かれていれば、子供の微笑ましい光景が、地域の日常になる可能性もある。以前、「まちの保育園」（図4-3）を運営する松本理寿輝（まつもとりずき）さん[注1]を取材したことがある。彼の取り組みは、「子供たちの学びや育ちに地域の資源を生かし、保育園自体がまちづくりの拠点になる」

図4-3　まちの保育園 小竹向原

ところまで進んでいる。

福祉では、運営者と入居者の関係さえも難しい。一般的すぎて疑問にすら感じないかもしれないが、福祉施設では、入居者が運営者の感知していない状況で外出してしまうことがリスクになるので、基本的には施錠をする。安全のためなので疑問をもつこともない。また日本ではまだ、延命治療をすることが前提の文化だ。運営者は管理者であり、入居している高齢者との間には少なからずギャップがあることが多い。私たちが少しだけ計画をお手伝いしたことがある下河原(しもがわら)忠道(ただみち)さん[注2]は、自身の運営するサービス付き高齢者向け住宅（サ高住）で、こうした価値観を覆すべく、挑戦し続けている（図4-4）。住人の方々が人間らしく豊かに暮らせるよう、施設は施錠をせず基本的に出入り自

図4-4　銀木犀

由だったり、過剰な延命治療を行わなかったり、自分たちで看取りを行うことに取り組んでいたりする。さまざまなリスクに対する覚悟がいるが、お年寄りの望んでいることを、という強い共感が、こうした場をつくり出している。もちろん建築もとても温かで地域に開かれており、建築の設計と運営の方針を、芯のある思想が貫いている。共感を前提とするかどうかは、建築の計画を変えてしまうし、そうした共感を育むことを目指す計画も可能だ。

このふたつの事例には、よく似た側面がある。保育園の場合は子供と近隣の大人、サ高住の場合は高齢者と施設管理者という、一見すると利害が矛盾する関係同士で成り立っている。しかしこれらの事例では子供や高齢者という弱者側の思いに寄り添うことにより、扱いやすい管理や責任の区分を超えた解決を行っている。この区分は、そもそもなぜ生まれてしまったのか。土地の所有と連動する管理の区分、管理する側とされる側という区分、成人がサポートをする側で子供と高齢者がサポートされる側だという区分。第3章でもモダニズムとは何だったのかという議論があったが、この区分の元にあるのも、成長を基本原理とした近代の制度だと思っている。都市計画においては、職住混合では工業化と労働集積を加速させながら良好な住環境の確保をすることが難しいため、住宅地と工業地域とオフィス街が区分された。こうして生まれた長距離通勤を前提とした生活スタイルは、夫婦の役割を区分した。建築は、都市計画に合わせて量産しやすい単用途のビルディングタイプをつくり出した。企業は成長を前提として、リスクを最小限にしながら生産性が高まるようにツリー状の組織体系をつくり、社員の役割の区分を行った。国全体が効率良く成長するために、さまざまな制度が区分を前提としてつくられ、個人はその役割を担っていれば、国や企業の成長の結果として、自分たちの経済的な豊かさも向上するというモデルだ。

こうして、役割分担された区分の世界では、子供を預かり育てることを担うのは保育園「だけ」であり、その役割を与えられた者だけが努力をすればよい。地域には子供を育てる義務はなく、安らかな生活を妨げられるリスクを負ってまで、保育園のことを考える必要はない。サ高住の例も似ている。施設の管理側はそうした役割なのであり、住人と一緒に暮らしているわけではないので、リスクを負ってまで住人側の人生に寄り添う必要はない、という話になってしまう。ただそれでも、その役割の中で個人個人が努力をすることが将来の豊かさにつながると信じて、社会が動いていた。一方でそうした制度的な区分が、人の分断をつくり出していた。

そんな中で近年、近代の成長モデルにも限界が見えはじめた。日本ではそもそも成長が止まりつつあるが、経済的に成功している国でさえ、格差は広がるばかりだ。与えられた役割だけに邁進することが必ずしも幸せにつながらない時代になった。日本では雇用者所得が減り、労働力不足も叫ばれる中で、夫婦共働きで子育ても夫婦で行うことが増えた。母親が専業で子育てしていた時代に比べて収入は少ないので両親ともが働かねばならない。そうした状況で子育てを両親と保育園だけで完結させることは、地域全体でみれば余裕のない人を切り捨てるモデルに他ならない。子供は次の時代を担う社会全体の宝なのにもかかわらず。私たちは、そろそろこうした分断を乗り越えねばならない。少々コミュニケーションのコストが掛かったとしても、地域全体で最良の環境を子供たちに用意し、その光景が地域にあふれているほうが、皆が幸福なのではないだろうか。サ高住でも、住まい手のお年寄りと、施設側の従業員と、地域とが皆生き生きとしていることこそが、地域全体の幸せなのではないだろうか。お年寄りはケアされるだけの立場ではない。下河原さんは自らの施設で看取りを行う中で、「人は自分の死を通して他者の人間的な成長を促す」ことを教わったと言っていた。

2010年に出版された『共感の時代へ――動物行動学が教えてくれること』[注3]という書籍があ

る。動物行動学者である著者のドゥ・ヴァールは、哺乳類の豊富な観察を通して、動物は本来的に共感をベースに生きており、ドーキンスの利己的な遺伝子[注4]を拡大解釈した近代の競争社会は、動物として極端すぎると指摘する。分断を共感によって乗り越えることは、分断されていた両者を含んだ社会を、より良くすることにつながると私は信じている。

似た者同士の共感

私たちがプロジェクトを通して出合う共感は他にもある。例えばホテルなどの計画では宿泊体験とセットとなる特別な体験を提供することがある。そうした過ごし方に共感する狭いターゲットに強い魅力を感じさせ、過大な広告を行わずにＳＮＳで情報を自然に拡散させるという手法だ。建築のデザインとしては、ターゲットの趣味趣向を細やかに反映すべく手を尽くすことになる。マスビジネスになりにくい代わりに、唯一無二のサービスとなるため、コモディティ化せず競争力が衰えない。共感マーケティングなどと言われるこの手法は、成長時代とは異なる手法として注目を浴びている。

ここでの共感は、前述の事例とどこか異なる性質をもっている。保育園・サ高住は、それぞれ近隣／園児、施設管理者／高齢者という、ありがちな分断を乗り越えるために共感が生きている。一方でホテルの事例は、SNSによって物理的距離を超えてはいるものの、もともと共感しやすいセグメントを利用して、これまでにはなかったビジネスを生み出している。前者が「分断を乗り越える共感」なのに対して、後者は「似た者同士の共感」だ。コミュニティ（≠共感）と言っても良いかもしれない。これは、第3章で塚本さんから話があった、「コミュニティは外側をつくる」という話に似ている。

「分断を乗り越える共感」に比べると、中にはこの「似た者同士の共感」に対しては距離を取りたいという建築家もいそうだが、私は必ずしも反対ではない。情報や移動がこれだけ多い現代において、コミュニティが閉じているとはいっても、実際にはひとりの個人は複数のアソシエーションに所属していることの方が多い。仕事のつながり、趣味のつながり、親戚のつながり、パパ友ママ友のつながりなど本当にいろいろだ。前述の事例のようなホテルの利用者も、別なタイミングではまったく趣味の違う人と、同じ球団のファンとして一緒に球場で一喜一憂できるつながりをもっているかもしれない。むしろ「似た者同士の共感」が増えることは趣味や文化の多様性を増し、社会を豊かにすることも多いように思う。例えば秋葉原と銀座は、文化の担い手も街の雰囲気もまったく異なるが、コンパクトに両方が味わえることは東京の大きな魅力のひとつだ。建築家も、そうした文化の多様性に寄与できる職能として、積極的にこうしたフィールドに挑むことは、望まれることだと思う。

一方でこの「似た者同士の共感」には危険な面もある。多様な価値観が細かく並存している限りにおいてはとても豊かなことだろう。しかしSNSによってつくりやすく見えやすくなったこの共感は、価値観の中心となる人の影響力によって集団の規模が大きくなったり、仕事・生活・境遇・思想などが同じ共感の属性で結ばれたりすると、個人的な趣味や価値観の世界が突然政治的なスケールになる。商品やサービスが一時的に爆発的に売れるくらいなら良いが、一歩間違えばアメリカのトランプ大統領のように大きな排他をつくり出す運動となってしまう。これはもはや、「分断を乗り越える共感」とはまったく逆の、「分断を生み出す共感」にすら向かいかねない。「ポスト真実」という言葉はトランプ大統領の登場とともにここ数年で一気に広がったが、こうした現代の社会においては、共感は真実すら見えなくしてしまう諸刃の剣である。共感を増やすことは社会をより良くすることだと、簡単に言い切れるものでもない。

何のための共感か

冒頭にも述べた通り、共感という言葉は昨今、さまざまな分野で散見されるようになり、分野によっては社会を構成する新しい概念だと言わんばかりの広がりを見せている。確かに、共感は成長を前提とした近代的な制度が引き起こす分断を乗り越えるためにとても有効だと思う。だからといって共感は、近代の制度の代わりを担えるのだろうか。共感は、似た者同士をつなげることもあれば、その外と内の分断を生み出すこともある。真実を隠してしまうことさえある。前述した書籍『共感の時代へ』では、共感は動物にもともと備わっている感情であることが語られているが、これは私たち人間にとっては近代の制度よりもはるかに原始的なものだということだ。したがって、すでに複雑にできあがった社会を、共感だけで成立させることはできないはずだ。「国富論」で近代経済学の出発点をつくったアダム・スミスは、一方で「道徳情操論」にて社会は共感によって成り立っていることも語っていた。制度と共感は、どちらも欠くことのできない車の両輪ではなかろうか。

私たち建築家の仕事は俯瞰的に世界を見ることはあまりないが、恵まれたことにプロジェクトごとに圧倒的な具体性をもっている。その中では、近代的な制度がとてもうまく機能している側面にも、具体的な分断や矛盾に出合うこともある。共感は、目の前にある問題を相対化し、制度の外側から眺める視点を与えてくれる。「この計画は正しいのか?」ではなく、「この計画は幸せなのか?」という視点だ。そして、そこからモノを生み出す私たちは、自分たちの意思でさまざまな共感の種を蒔くことができてしまう。このとき問われるのは手放しの共感礼賛ではなく、プロジェクトを通して向き合おうとしている共感が、何のための共感かを問い続けることではないかと思う。

1　松本理寿輝（まつもと・りずき）
ナチュラルスマイルジャパン株式会社代表取締役。1980年東京都生まれ。一橋大学商学部商学科卒業。2003年博報堂に入社。不動産ベンチャーを経て、かねてから温めていた保育の構想の実現のため、10年ナチュラルスマイルジャパン株式会社を設立。東京都認証保育所（のちに認可）「まちの保育園　小竹向原」を設立。現在、六本木、吉祥寺で認可保育所を運営。

2　下河原忠道（しもがわら・ただみち）
株式会社シルバーウッド代表取締役。スチールパネル工法を得意とする建設会社を営む傍ら、サービス付き高齢者向け住宅「銀木犀」を運営。高齢者側の立場を大切にしたさまざまな取り組みを積極的に行っている。近年では、認知症を体験できるVRの開発を行う。

3　フランス・ドゥヴァール著、柴田裕介訳、『共感の時代へ――動物行動学が教えてくれること』、2010、紀伊國屋書店

4　利己的な遺伝子――イギリスの動物行動学者リチャード・ドーキンスが1976年に出版した書籍 *The Selfish Gene* の邦題。

生の基層

能作文徳

現代に生きる私たちにとって共感できることは何か。共感は、人間同士の共通の認識や感情、あるいは共通の体験によって立ち上がってくる。共感にはその時代の価値観が投影される。現代の生活の根底を支えていく共感とは何か。建築のように具体的な実体として定着されるほどの確かな共感とは何だろうか。それはエコロジカルな共感だと私は考えている。それは人間の生きる基層から立ち上がってくる。

2016年のen展は、経済の低迷や震災といった困難を抱えた現代の日本において、新たに現れつつあるさまざまなつながりをつくり出そうとする建築群を提示した。「人の縁」のパートでは、シェアやコミュニティといった、人間同士の関係性にアプローチした建築群が紹介された。これはソーシャル・ネットワーキング・サービスなどの情報技術によって人と人がつながる現象と連動する、新しい生活像や価値観の建築空間への具現化であった。こうした「人の縁」は現代の都市居住のリアリティを描いていた。

「人の縁」とは別の「モノの縁」というパートに私は参加していた。「モノの縁」は人間の生きる基層を成す物質世界に関するつながりである。この生きる基層がエコロジカルな共感に関わると考えている。生きる基層とは、モノ(material)、エネルギー(energy)、食(food)、水(water)、という生活するために必要な資源である。しかし人間の生きる根本の部分が少しずつ病的になってきている。これは人間の社会だけに閉じた問題ではなく、生態系に関わる問題である。この病的な状況をどのように改善していけばいいのか。そこにエコロジカルな共感、そして新しい行動、生活様式が生じてくるのではないかと考えている。

人新世

最初に「人新世(Anthoropocene)」というキーワードについて説明したい。「人新世」とは、気候学者のパウル・クルッツェンが提唱した新たな地質年代である。1万年前に始まったとされる温暖で人間にとって過ごしやすい完新世から、人間が地球環境に及ぼす影響が増大したため、地球の気候が自然な運行から大きく逸れ、「人新世」は人間優位な地質学的時代になったと定義される。

過去の歴史を振り返る中で「人新世」には3つの段階があるという。第1段階は産業革命以降の時期である。ワットの蒸気機関が実用化され始め、風力や水力といった自然エネルギーから、石炭の化石エネルギーに代わっていった。風や水(川)のエネルギーは地域に偏在しており、移動することができない。石炭がここまで広まったのは、石炭が移動可能だからである。石炭は不衛生であるが、地域に限定されることはない。これは民主主義の自由と平等の近代概念に合致した希望に満ちたエネルギー源であった。この石炭と蒸気機関の力によって大量生産が可能になり、農村から都市部へ労働者が流入することになった。

第2段階は、第二次世界大戦後の時期に該当する。1950年代に多くの国々で人口の増加、都市化、工業化、農業の大規模化が生じた。これはグレート・アクセラレーション(大加速)と呼ばれている。この時期に、二酸化炭素やメタンガスの排出量の増加、オゾン層の破壊、地球温暖化、環境汚染、生態系の破壊などが急激に進行した。その要因のひとつとして、戦争による科学技術の急速な進歩がある。戦時中の過剰な生産能力が戦後の平時へ転換され、平和利用という形で幅広く大量に社会に適応されていったのである。例えば、高速道路の整備と自家用車の普及、軍事航空機のアルミニウム産業への応用、化学兵器の農薬への応用などである。

第3段階は2000年頃の地球環境問題への国際的なガバナンス発足の時期である。これ以前の環境問題は汚染源である工場等の影響を被る地域に限定されていたのに対し、近年の地球温暖化をはじめとする環境問題は地域に限定されない地球規模の事象である。こうした地球温暖化に立ち向かうために地球全体をガバナンスするという世界最初の試みが始まり、各国の政治や経済に影響を与えている。国際会議のアジェンダが、国の基準や制度を変え、企業の生産する商品やサービスをエコプロダクトやグリーンビジネスへと誘導し、それらが人びとの生活に入り込んでくるようになった。ジオクラート（地球官僚）という言葉が現れているように、環境に対する新たなガバナンスはますます大きな権力として認識されるようになるだろう。

「人新世」というキーワードが科学の領域だけでなく、人文学の領域にも大きな影響を与えている。それは「人新世」が人間の生きる条件そのものに変更を迫る概念だからである。人文学の領域では、人間の存在、あるいは複数の人間が集まることによって生じる社会や文化について論じられてきた。しかしここで見落とされていたのは人間以外の存在である。人類の活動が、モノや環境を経由して、環境汚染や気候変動というかたちで人間の世界に返ってきている。もはや人間の世界だけで閉じた考え方には限界がある。人間と非人間がハイブリッドした世界を考えていかなくてはいけない。

物質循環

エコロジカルな共感は、環境汚染や生態系の破壊といった状況から生まれてくる。建築に対する興味は、主に構造的・力学的な性質、あるいはモノの素材感にあった。しかし、モノをエコロジカルな視点でとらえると、モノは物質循環という流れの中で認識することになる。建築はモノの集合で出来ている。モノは建築を構成する部品だが、モノの履歴に着目すると、それが届けられる生産地の自然や、それを製作する人ともつながっている。建築を物質循環としてとらえる視点から、新しい建築の試みができないかと考えている。建築の物質循環を示すと、建築部材―製品―加工―原材料―資源、というように最終的には自然の資源にたどり着く。しかし私たちが選択できるのは製品までで、モノが誰によって、どこで、どのようにつくられているのか分かりにくくなっている。つまりもののネットワークはブラックボックス化されている(81ページ)。そのためよく分からないものに囲まれ、限定されたネットワークの中で建築の創作を行うことになっている。さらに建築は使われなくなると廃棄される。一部はリユース・リサイクルされ、そのほかは燃やされるか埋め立てられるかである。自然からゴミまでの流れの中に建築は存在している。

モノのネットワークへの意識の高まりによって、食のトレーサビリティが関心を集めている。食品がどこの場所でどのように生産されているのかが、食品の健全さの指標になっている。またフェアトレードのように食品の生産と消費の公正な関係が求められている。さらに服飾業界にはエシカルファッションという言葉がある。アジアなどの発展途上国の工場では安価な衣服が生産され、世界中で販売されているが、この衣服製造の労働条件や自然環境に対して倫理的であるかが問題となっている。

では建築ではどうすればよいか。単純なことだが、「遠く」「見えない」連関から、「近く」「見える」連関に組み替えていけば良いと考えている。自分たちで主体的にできることを増やし、モノのネッ

図4-5 「高岡のゲストハウス」施行中の写真

トワークの質を問い直し、組み替えていく。しかしそれは簡単ではなく、コスト、工期、人手の問題に当たる。これは産業や政治が絡み合った各種会議体が決めた生産流通のシステムや制度の問題である。どこまでネットワークを遡らなければならないのか、どのように組み替えていかなくてはいけないのか、そこに関わることが現代社会への批評となってくると考えている。例えば「高岡のゲストハウス」（図4-5）は、敷地の中のモノを再配置することによって、廃棄せずに再利用する試みであった。これは敷地内のマテリアルフローを問題にしていた。こうしたアイデアは敷地を超えて広い範囲で実践することが可能である。建築を固定した状態ではなく、流れの状態としてとらえていくことで、長い時間の尺度で建築を考えることができるはずである。

量と質

「人新世」についてのディスカッションの中で、「リノベーションなんて意味がない」と言われたことがある。地球環境問題に立ち向かうには、改修よりもハイスペックな新築を大量につくる方が効果的であるという意味合いだった。確かに20世紀に大量生産された建物が改修されたからといって何百年も残るわけがない。空き家が活用されて寿命を迎えれば、新築するのは当然だ。しかしハイスペックな新築であっても古びていけば壊されてゴミになる運命にある。長い時間のスパンで考えれば、建物は土地に固定されたストックの状態と、自然資源から材料を切り出して組み立てられ、建物が解体されて廃棄物となるフローの状態が繰り返されるだけである。そこには新築と改修という垣根はない。ストックとフローの状態を条件に合わせて考えていくことが大事になる。

ここでのもうひとつの論点は「量」の問題である。さまざまな社会的問題を解決しようとするとき、マジョリティ（多数派）に働きかけることが最も効率的である。多数派の側から建築と社会の結びつきを考えると、一般性や汎用性が重要視される。しかし社会の仕組みからこぼれ落ちたマイノリティ（少数派）にとって現実は厳しいものとなる。多くの専門家は、数値や量で効果を図るため、専門的知識が多数派の方へ傾きがちである。知らず知らずの間に多数派が力をもつようになり、少数派の人びとは片隅に追いやられることになる。こうしたマイノリティを掬い上げるためには、それぞれの個別の条件に向き合わないといけない。これは「量」では測ることができない。建築設計の良い点は個別性に向き合えるところだ。さまざまな個別の条件が創作の材料になる。建築は人が生きることの独特さを受け入れることができる。

人間中心主義と生態系中心主義

環境への危機意識からさまざまなエコロジー思想が現れている。それは主にふたつの考え方に大きく引き裂かれている。ひとつは「人間中心主義」であり、もうひとつは「生態系中心主義」である。人間中心主義は、人間の利益を求めようとする考え方である。環境そのものは人間のためにあるのだから、人間の利益に適うように環境を持続可能に管理すればいいということだ。建築はそもそも人間のためにつくられるので基本的には人間中心の考え方になる。ここに建築をつくるときの矛盾や葛藤が生じる。これに対して、生態系中心主義は地球環境そのものや生態系を第一に掲げる考え方である。こうした考え方にはさまざまなバージョンがある。この中で危惧されるのは、全体主義と結びついた強い生態系中心主義である。生態系のためなら一人ひとりの人間の生存の価値は低く見積もられる。例えば、発展途上国は豊かになるとエネルギー消費量が増えるので、地球環境のためには貧しいままにしておくしかないという考え方に結びつく。

この全体主義的な強い生態系中心主義が現実に現れつつある。現在の環境問題は、ある地域に限定されたものではなく、地球全体に影響を及ぼしている。地球規模の環境問題は個人が把握することが非常に難しく、科学の領域に任せることになってしまうのである。そのためますます科学技術が社会の方向性を決定する要因となるのである。こうした事態は環境問題に限らない。人工知能や情報技術も科学技術によるもので、人びとが民主的に決める前に、科学技術の進展が、人間の生活に大きく影響を及ぼすことになっている。スマートフォンの開発と普及には誰も投票していない。技術者が開発し、市場に流通することで、その製品がなくては生きていけないような社会が、民主的な手続きなしでつくり出されてしまうのである。このような科学技術による緩やかな全体主義と環境問題が結びつくことによってさまざまな弊害が生じていくことが懸念される。弊害のひとつとして考えられるのは、個別性の排除である。それに伴う丁寧さや細やかさの喪失である。

メガソーラー

千葉県鴨川市でメガソーラー建設の計画がある。広大な山林に約50万枚パネルが敷き詰められる。メガソーラーは太陽のエネルギーで電力をつくり、次世代の再生可能エネルギーを支える大規模な事業である。メガソーラーによる発電は、放射能汚染が懸念される原子力発電やCO_2を大量に排出する火力発電よりずっと好ましいと思っていた。しかし「鴨川メガソーラー建設の中止を求める会」の話を聞いてゾッとした。このメガソーラー事業の実情は、300ヘクタールに及ぶ地形を改変し、何万年もかけて培われてきた土壌、水脈、生態系を根こそぎに破壊することだった。発電パネルを設置するためには平坦な場所が必要で、雑草が生えないように除草剤を撒き、砕石を敷き詰め、架台を建てるそうである。気候や地形や生態系が均衡した状態を破壊したならば、その場所は非常に脆弱になり、水害や土砂崩れが起きやすい危険な状態になる。このような事業が推進される背景には、地方自治体が財政的に破綻しつつある中、国の補助金などを利用した大規模事業によって新たな雇用の創出が見込めるということが挙げられる。地球環境問題が権力の中に取り込まれる構造そのものである。こうしたジオガバナンス（地球統治）の暴走があらゆるところで引き起こされることが懸念される。メガソーラーに反対する会の人が「メガソーラーは怖い、でも家についているソーラーパネルはまだ可愛らしい」と言っていた。ソーラーパネルそのものに罪はない（パネルの製造とリサイクルの問題は残されているとしても）。人間を超えた巨大なスケールを生み出してしまうことに問題の本質がある。この「可愛らしい」という言葉はうまく規模の問題を言い当てている。巨大なものへの怖さと脆弱さ。それが露呈したのは東日本大震災と福島原発事故ではなかったか。この巨大な中心――権力の構造をどうにかしないといけない。建物にエネルギーの自律性が求められる。

オフグリットハウス

こうしたエネルギーの自律性の動きに対して「オフグリッドハウス」という住宅の仕組みがある。オフグリッドとは電力網（グリッド）につながれていない（オフ）という意味である。東日本大震災を契機に自分たちで電力をつくりたいという人が増えているのだ。オフグリッドハウスに暮らす人たちの話を聞くと、太陽とともに人間が生きていることを深く実感している。太陽を取り入れたさまざまな暮らしの工夫を実践している。例えば、電気冷蔵庫を持たず、夏は日陰となる冷涼室に野菜を保存し、冬には外気を利用した天然冷蔵庫を使う。夏は冷えたビールではなく赤ワインを楽しむ。曇りや雨の日が続き充電が少ない時には薪コンロを使用するため煮込み料理を楽しむ。太陽の熱を集めて給湯や暖房に使う場合には、晴れた日はお湯が大量にできるので、家族みんなでお風呂を楽しむ。そうした太陽のリズムと連動した暮らしをしていると、不思議なことに健康になるそうである。そして皆、口を揃えていうのは、電力を買わないことで清々しい気持ちになったということである。発電と充電の技術によって自然とともに暮らすという生活様式が現れてきている。「西大井のあな」（図4-6）という私の自宅もオフグリッド化ができないかと考えているが、都市部では屋上の面積が小さいので、ハーフグリッドになるだろう。暮らしの工夫をしていけば、晴れの日が続けば１００パーセント太陽のエネルギーで電力をまかなえるかもしれない。

フードコモンズ

次に食について考えてみたい。食べることは生きることの基本である。食べなければ生命を維持することができない。あらゆる生き物は食べる。そして食べられる。食べることは生態系そのものである。しかし現代の食はますます病的な状態になっている。近代農業における農薬、化学肥料、遺伝子組み換え作物などが健康被害や環境汚染につながっている。一部の多国籍企業（モンサント社など）が農業技術を独占し、ファストフードなどの食品産業と連携することで、世界の「食」が均質化されつつある。こうした食の商品化・産業化の影響、家族のあり方の変容、特に単身者の増加により、外食や中食（なかしょく）による個食・孤食が増えている。これらを空間の問題としてとらえてみたい。

そのヒントになるのが、藤原辰史（ふじはらたつし）氏が提唱する「人間チューブ論」である。人間は口から肛門までの一本のチューブであるという見方だ。人間の胃腸は草食動物ほど消化能力があるわけではない。そこで人間は自分の口の中に入る前に食材を水と油と熱を使って調理をして消化しやすく

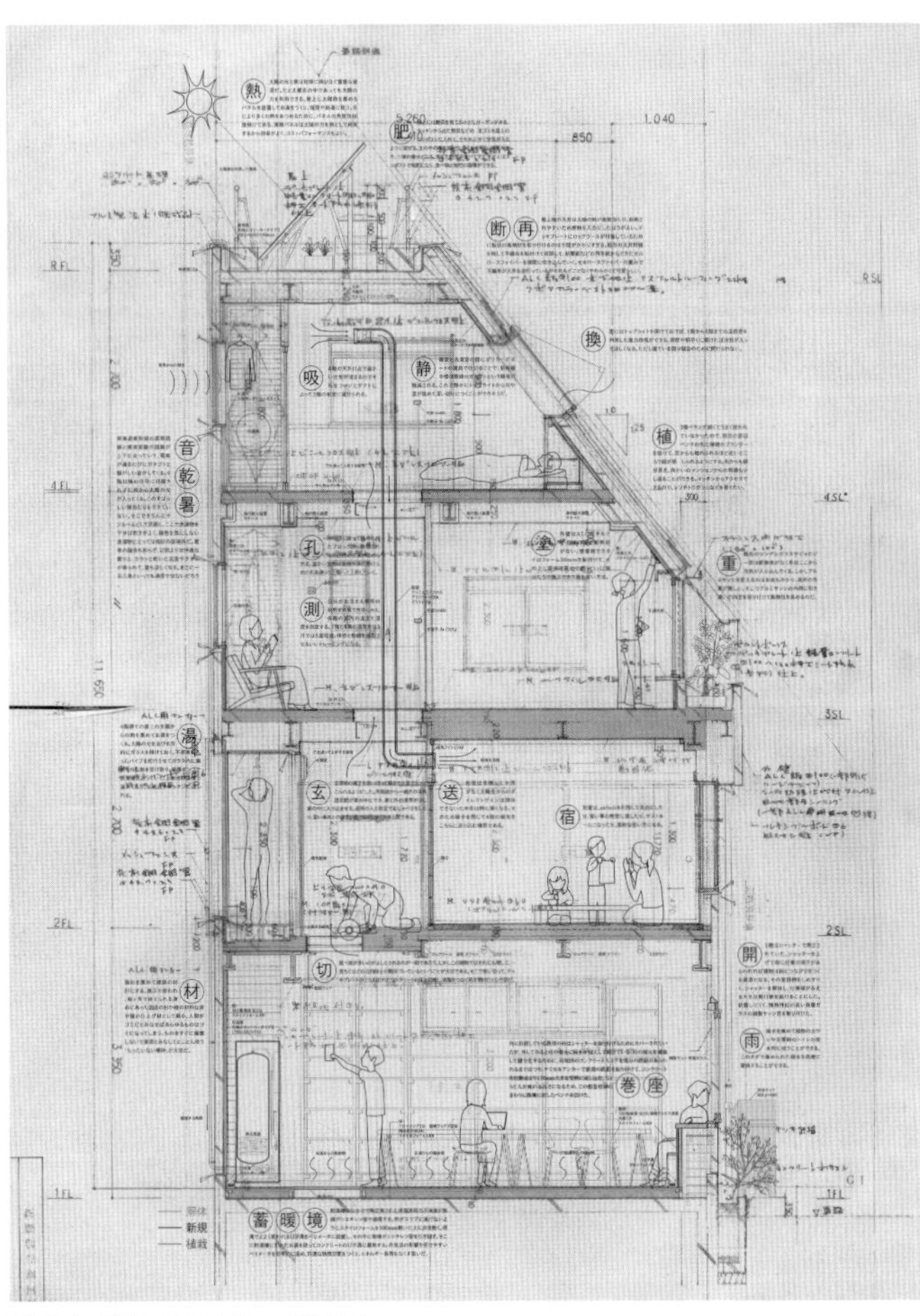

図 4-6 「西大井のあな」 断面図

る。食べ物の消化から見れば、「家もチューブ」である。家も消化装置だという。スーパーマーケットで買われた食材が玄関を通る。冷蔵庫に収められ、キッチンで調理され、人間のチューブを通る。その後、肛門から出た排泄物はトイレに流され、下水管へと流れ、下水処理場で微生物によって汚れが分解され、水が消毒されて海や川に放流される。このように家もチューブの延長としてとらえると、このチューブの形には工夫の余地があるはずだ。例えば孤食・個食もワンルームマンションのように家のチューブがあまりにも細いことで生じる現象である。では食を楽しむ建築的チューブとはどのようなものか。人間チューブが一堂に会す場所はどんなものか。

「食」を起点とするコモンズ(共有資源・共有空間)を「Food Commons」と呼び、リサーチをしている。シンガポールにあるホーカーセンター(図4-7)は、半屋外の軒下に集合した公営の屋台村である。さまざまな国籍の料理が集まり、300~500円ほどの値段で安く食べられ、子供から高齢者まで、さまざまな民族が集まる共同の大きな食堂である。戦前、ホーカー(行商という意味)は道端で屋台を営んでいたが、暑くて湿気の多いシンガポールでは、食べ物は腐りやすく非衛生的であった。そこで政府がこのホーカーを管理し、公営住宅の足元にホーカーの屋台を集合させたのである。ガス、電気、水道、換気ダクトに接続された約3m×3mのサイズの屋台が並ぶ。テーブルや椅子は盗まれないように床に固定されている。日本で安価な食事といえばファストフードのチェーン店になるが、ホーカーセンターでは個人が賃料を払えば借りることができるた

図4-7　ホーカーセンター

め、個人経営の店がほとんどである。ショッピングセンターのフードコートは冷房を入れているが、半屋外のホーカーセンターは冷房がない代わりに扇風機や送風機が所々にある。天井が高く、小さな中庭からクロスベンチレーションができ風が抜ける。このように国が管理する仕組みによって個人経営の屋台が持続し、さまざまな人たちが同じ空間で食べることを可能にする。この空間はまさに「Food Commons」である。

エコロジカルな共感は、生きる基層が少しずつ破壊され病的になったところから現れる。病に気づいた人は治したいと思う。だが治そうとする人はまだまだ少数である。治そうと思ってもそこには社会の仕組みがつくり出してきた障壁がある。さて現代の建築は生きる基層に応答しているのだろうか。多くの建物はますます病的になっているように思える。それは化学製品から高層マンションまで、あらゆるスケールで展開している。これに対して建築家の建築はなんでもありの状況をただ提示しているだけなのではないか。建築の創作は恣意的なことをしたいという欲求に応えるにすぎないのだろうか。

建築が生きる基層に関わるとき、その姿は個別の条件に向き合った切実なものになる。モノ、エネルギー、食といった人間が生きるための根本が起点となって病的な状態を治癒していく。そうした建築はそこで生きる人の場所、時間を心地よいものにしていくはずである。

参考文献
クリストフ・ボヌイユ、ジャン=バティスト・フレソズ著、野坂しおり訳、『人新世とは何か――〈地球と人類の時代〉の思想史』、2018、青土社
篠原雅武著、『人新世の哲学――思弁的実在論以後の「人間の条件」』、2018、人文書院
池上甲一、岩崎正弥、原山浩介、藤原辰史著、『食の共同体――動員から連帯へ』、2008、ナカニシヤ出版
藤原辰史著、『食べること考えること』、2014、共和国
藤原辰史著、『美術手帖』(2017年10月号)「人間チューブ論」、2017、美術出版社
http://kamogawa-ms.chu.jp　鴨川メガソーラー建設の中止を求める会

時間と建築

伊藤　暁

〈FRONT〉はどこにあるのか

２０１６年のヴェネチア・ビエンナーレ国際建築展、全体のテーマは「REPORTING FROM THE FRONT」だった。その名の通り、「最先端」で何が起こっているのかを報告せよというお題である。うっかり素通りしてしまいそうなお題だが、よくよく考えてみると各国に〈FRONT〉からの〈REPORT〉を要請するというこのテーマ設定には、世界を牽引する唯一無二の〈FRONT〉がどこかにあるのではなく、世界中に無数の〈FRONT〉が散らばっている、という視点が包含されていたように思う。この問いかけに応えるように、各国の展示も「われこそが〈FRONT〉」といったイニシアチブ争いのようなものではなく、それぞれ固有の事情をもち込んだものが多かった。

言うまでもなく現在私たちが共有している建築の歴史はヨーロッパを中心に紡がれていて、それゆえ建築は常にヨーロッパに牽引されてきたことになっている。歴史は常に「何が〈FRONT〉だったか」という視点で編集され、記述されてきたし、その中心はずっとヨーロッパにあった。アジアや中南米、アフリカなどヨーロッパ以外の場所は、そこにどんな建築があろうとも歴史に記述されることはまずなく、20世紀のモダニズムが「インターナショナル・スタイル」として世界を席巻し、ヨーロッパの建築家たちがアジアや中南米と出合ったことをきっかけに建築史にやっと登場したわけだけれど、それでも「周縁」での出来事として記述されたにすぎない。

そんな「周縁」のひとつである南米のチリを拠点にするアレハンドロ・アラヴェナが〈FRONT〉と言うとき、おそらくその視線の先にあるのは、強力な吸引力のある唯一無二の〈FRONT〉とは別のものなのだろう。実際、ビエンナーレでの展示の多くは強くて大きな力を誇示するというよりも、小さく、軽やかで、かつ不安定で弱々しいものだった。各展示を見渡してみると、全体的にインフォーマルで、テンポラリーで、ローテックで、アンエスタブリッシュで、オーディナリーで、チープで、セルフビルドで、といったキーワードを想起させるものが並ぶ。

同時に、ずっと〈FRONT〉を牽引してきた（ことになっている）ヨーロッパ諸国の展示は、押し寄せる社会状況の変化にうまく適応できず、もがき苦しんでいるようにも見受けられた。

「外側」からの来訪者

ヨーロッパ諸国を苦しめていたものとは何だったのか、当時の社会情勢を少し振り返ってみたい。２０１６年のヨーロッパでは、前年から続く中東やアフリカからの難民の到来が深刻な社会問題になっていた。日本でも幾分かは報道があったがヨーロッパはその比ではなく、ビエンナーレの設営期間中、ヴェネチアではテレビをつければ四六時中、今日は何艘のボートが漂着したとか、何人死んだとか、そんなニュースばかりが流れ続けていた。難民を受け入れるのか、拒絶するのか。自分たちの対応能力をはるかに超えて押し寄せる異国からの人びとを前に、人道的な意識と、自己の生活が脅かされることへの恐怖心が入り乱れ、民意を二分する論争が巻き起こっていた。当然のことながらその衝撃は建築の領域にもおよび、ヨーロッパ諸国の展示に難民問題や経済問題に何かしらの介入を試みるものが多かったのは必然的な帰結といえるだろう。

ヨーロッパでは不用意に人が集まるとスラムになる、という恐怖心があるようで、建築からの回答としてビエンナーレの展示で多く見られたのは、住環境に関わるものだった。しかしながら、場当たり的な対処を超えた明確な回答を示すものはほとんどなく、会場は空回りと手詰まりに対する苛立ちに覆われているように感じられた。

そんな中、各国の出展者や来場者、ジャーナリストたちと言葉を交わしていると、この苛立ちは単に難民問題に対して建築が具体的な回答を示し得ていない、ということだけに向けられていたわけではなさそうだということが窺い知れた。ヨーロッパの人びとにとって、それはもっと深刻な問題だったのだ。

ヨーロッパ諸国にとって難民問題は「予期せぬ来訪者」との対峙であり、それはつまり、彼らが思い描いている都市像や、そこからのフィードバックをもとに構築される「計画」では対処不可能な状況に直面した、ということに他ならない。計画とは、近代社会がその根拠にしていた社会的規範を具現化するための手段である。市民革命、産業革命の延長線上に位置付けられる近代社会は、大衆というマスをいかに管理するかが重要な社会課題であり、そのために計画が要請された。「計画的に管理」と書くとかなり上から目線で暴力的な印象を引き寄せてしまうが、しかし階級社会を前提としているヨーロッパでは「ノブレス・オブリージュ」という言葉が示すように、上流階級が社会に対して「施し」を与え、適切なマネジメントを行い、誰もがきちんと生活できる環境を整えることは、責務だった（そして、もちろん建築は「施す側」の存在であり、建築家の仕事とは、市民への施しか、権力との戯れかのいずれかだった）。

今回の難民問題があぶり出したのは、当たり前のように存在していた施しの社会が、実は「施す範囲」を限定することで成立する社会構造だったということである。もちろん、その括りがコミュニティや地域、国家といった枠組みの根拠になっていたという側面もあるのだが、ともあれ、「施し」の社会は常にその「対象範囲（内側）」と「外側」を生み出す仕組みになっていたのだ。

内側と外側の境界に一定の安定性があれば外側のことは放っておけばよく、手を煩わせる必要は発生しない。難民問題とはつまり、その境界の安定性が破れ、計画外の場所から、計画外の数の

図 4-8　ヴェネチア・ビエンナーレ　ドイツ館展示

図 4-9　ヴェネチア・ビエンナーレ　スペイン館展示

人びとが、計画外の速さで来訪するということだったのだ。それはいままで「外側」としてなかったことにしておけばよかった場所が、突如として無視することのできない存在になったということを意味する。

外側を相手にしないことで成り立っていた近代社会にとって、その存在を取り扱わざるをえなくなったということは、社会というものの定義の根拠そのものに抵触する一大事である。難民問題とは、単なる一時的な国際問題を超えて、ヨーロッパの人びとがその歴史の中で積み上げてきた社会という概念の前提条件を根本から揺さぶる出来事だったのだ。

ヨーロッパの「外側」にいる私が、「施し」としての計画をつくり、運営することに携わってきたヨーロッパの建築家たちにとってこの衝撃がいかほどのものだったかを察するには余りあるが、ビエンナーレでのドイツ館の展示は、その事の重大さを象徴するような存在だった。

ドイツの展示は、「ドイツは常に開かれている！」というマニフェストとともに、ドイツパビリオン（文化財指定もされている！）の外壁を破壊して何か所も穴を穿ち、出入りは自由、自由に使用できるWi-Fiや携帯の充電器を備え、その内部に都市のリサーチを展示するというもので、彷徨う人びとの受け皿となることが徹底して表現されていた。そのスタンスは呆れるほどに明快だが、しかしそこにポジティブな建築的提案の姿は見出せない。もちろん難民問題は建築だけで解決できるものではない（というか、この問題に建築ができることはごくわずかしかない）ので当たり前なのだけれど、それにしても自分たちが携えている「施し」のメソッドが何の役にも立たない事態に対する焦りや苛立ちのようなものが見て取れる。ドイツ館に穿たれた、やけっぱちともいえる穴は、まさに「外側」と「内側」の境界が突破され、無条件に建築の背景になっていた社会構造そのものが瓦解しはじめていることを暗示しているように感じられた。

ユートピアの呪い

そんな中、ビエンナーレで金獅子賞を獲ったのはスペイン館の展示「UNFINISHED」だった。展示の中心に据えられていたのは、経済危機によって建設中に工事が止まり、そのまま打ち捨てられた建物をスクウォッティングして生活する人びとの様子である。ヨーロッパにありながら南米さながらの様相を呈する写真の数々には驚かされたが、そこで語られていたのは建築にまつわる「時間」についてだった。

加藤耕一(かとうこういち)は『時がつくる建築――リノベーションの西洋建築史』[注1]の中で、ルネサンス以降、特に近代の建築史観においては「竣工(FINISH)」という特異点で時間を止めることが重要だったということを「点の建築史」として指摘している。今回スペイン館のキュレーターを務めたイニャキ・カルニセロが語っていたのも、竣工し損なった「UNFINISHED」な状態の建物とそこでの人びとの営みにはむしろ時間の流れを見出すことができ、それを現代的な建築の問題として提示しようという目論見だった。

加藤とスペイン館に共通しているのは、近代においては時間の止まった静的な状態でのみ建築が語られ、流れ続ける時間の中で動的なものとしてあり続ける建築への思考が捨て去られていたという指摘だ。そこにあるのは近代への批評的なまなざしである。

では、彼らが指摘する近代建築と時間との関わりとは、どんなものだっただろうか。

近代は目指すべきゴールとしてのユートピア、つまり理想の「あるべき社会の姿」を求めた。その理想を求めて、モダニズムの建築家たちは多くの都市像を描いている。しかし、そこで提出されたエポックに時間の流れが描かれることはなかった。描かれるユートピアは完成した静的な状態で、時間は止まっているのである。

だが、実際のところ人間の生活にはスタートもゴールもなく、流れる時間の中に表れ続ける都度の営みがあり、その総体が社会と呼ばれるものの姿なのだ。社会とはもっと漸進的で、常に流れ続け、変わり続けるものであり、「目指すべきゴール」のような時間の止まった固定的な状態に留まることはない。同時に、社会の構成要素である人間の営みも、固定されることはない。私たちは歳を取るし、子供は成長するし、経済や産業・技術も、気候や環境条件も変わる。さらにいえば、社会を構成するさまざまな要素には各々の時間の速度があり、変化の速いものもあればゆっくりなものもある。建築は本来、このように輻輳する時間を相手にし、それらを束ねて受け止める技術だった。「竣工」という概念は意味をもたず、断続的に増改築や修繕を繰り返しながらつくられ、使われてきた。しかし市民革命・産業革命といった社会構造の転換と、それに呼応するように近代建築が提出したあまりにも強烈なユートピア像によって、建築は流れる時間に向き合うことを忘れ、時間が止まったような固定的な状態を夢想する呪いにかかってしまった。

この呪いによって、建築は時間と関わる術を失うこととなった。ユートピアが示した、「到達すべき理想のゴール」という幻想は、建築から時間の流れという軸を「外側」に追いやってしまったのだ。

スペイン館の展示が示していたのは、経済危機によって竣工という「時間を止めるタイミング」を逸したことによって彼らが触れた、「時間は止まらない」という気づきであり、ユートピアの呪いからの解脱だった。

「外側」からの学び

一方、南米やアジアといった「外側」の国々においては、そもそも建築の成り立ちがヨーロッパとは異なっている。国によって事情はさまざまだが、基本的に近代建築はヨーロッパから輸入され

図4-10　アレハンドロ・アラヴェナ「キンタ・モンロイの集合住宅」

たもので、その地での切実な社会状況に呼応して生み出されたものではない。各々の場所には各々の事情があり、背景があり、それはヨーロッパの社会規範のようにおいそれと「外側」に追いやることのできるものではなかった。ブラジルのファベーラなどはあまりにも有名だが、近代が忌避したスラムが当たり前のように日常にあり、他所からもち込まれた「近代」はそう簡単にはユートピアの夢を見させてはくれなかった。外側の国々は常に傍らにある圧倒的な現実とともに動き続けてきたのであり、そこにあるのは場所も時間もすべてを引き受けながら格闘してきた建築の有り様である。だからこそ、アラヴェナが手掛けた半分だけ建築し、残りを住民が自ら完成させていく「キンタ・モンロイの集合住宅」（図4-10）などが示すように、彼らの実践は具体的で現実的だ。竣工という瞬間が意味をなさず、時間の流れの中に放り込まれた建築の有り様からは、彼らがユートピアという時間の止まった理想の状態を標榜することなく、有象無象の渦の中に介入する方法を探求し続けてきたことが見受けられる。「第三国」などと称され、クオリティや完成度が低く近代化が遅れているとみなされていた地域には、実はヨーロッパ的近代社会が取りこぼしてきた時間や場所の取り扱い方が実装されていたのだ。

アラヴェナの著書のひとつが*Incremental Housing and Participatory Design Manual*[注2]と銘打たれているが、近代的社会観の限界に直面した私たちにとって、「竣工」という一瞬を刻み込むことを目指すのではなく、逐次的に流れ続ける時間と向き合い、そこに参加していくような建築のあり方を考えていくことは、この限界を乗り越えていくための重要な手掛かりとなっていくだろう。

営みとしての建築

ところでちょうどビエンナーレの期間中、古い蔵を移築して住宅として新築するという仕事をやっていた(図4-11)。もともとの蔵は、特筆すべき由緒があるというわけではなく、そもそも建てられた時にいくつかの建物を寄せ集めて出来たもののようで、2種類の小屋組やさまざまな材料が混在するものだった。こうした建物は、木造という構造形式では材の転用や再利用が比較的容

図4-11 「筑西の住宅」外観

易で、冗長性に富んだ流動的な物だということを教えてくれる。木造建築には、建物以前の建材レベルでさまざまな時間軸が内包されている。

また、施主の倉庫にはかつて建っていた母屋の建材や建具が大量に保管されており、この計画では蔵の材と合わせてこれらを有効利用することが求められた。こうした状況を引き受けて設計を行うことになると、それこそ「竣工」という瞬間的なタイミングは簡単に吹き飛ばされてしまい、拠り所にならない。もちろん「かつての蔵」も時間の流れの中の経過点でしかないわけで、そこに固定的な状態を設定することも、ほとんど意味をなさない。確固たる拠り所などなく、膨大な時間や雑多なものが渦巻く流れの中に巻き込まれる覚悟を決め、身を投じるしかないのだ。

そこで必要になるのは、絡まり合った複数の時間軸を解きほぐし、流れ行くものの速さを見極め、どこに対してどのような手を打っていくかという観察と決定の往復運動から建築の姿を発見していくという作業だった。家族構成や気候風土、地勢、周辺環境、産業、技術、生産、流通、材料、寸法……。挙げればきりのないコンテクストを、時間とともに変わりゆく存在として取り扱い、どう固定させるか、ではなく、どう動かし続けるか、を考える。それはさまざまなものが集まっては散っていく流れの中に紡がれる結節点として建築を考えることであり、時間の止まった「オブジェクト」としてではなく、時間の流れ続ける「営み」としての建築を考えることに他ならない。

時間を伴った「営みとしての建築」の形を考えるという難題への取り組みは、まだ始まったばかりである。しかしこの先には、瞬間的な刹那によって世界が押し流されることを乗り越える手掛かりがあるのではないかと考えている。

1　加藤耕一著、『時がつくる建築――リノベーションの西洋建築史』、２０１７、東京大学出版会
2　Alejandro Aravena, Andres Iacobelli, *Incremental Housing and Participatory Design Manual*, 2016, Hatje Cantz

第５章　共感・時間・建築

塚本由晴

空間概念への憧れと疑問

本書に収録されたテキスト「細粒都市と民兵」で槇先生は、饅頭の〈皮とあんこ〉の比喩を用いて日本の都市型街区の特徴を説明しつつ、建築設計の二極化をそこに重ねている。〈皮〉＝大通りに建つ大型建築を手がけるのは、大手設計事務所やゼネコンなどで、メジャーな経済活動に従事する軍隊のようであるとし、これに対し〈あんこ〉＝街区内の敷地に建つ小規模の建築や、接道条件を満たさない既存建築のリノベーションを手がけるのは、独立系の若い建築家たちで、細々と抵抗を続ける民兵のようであるとする。私が建築を学び始めた1980年代にも似たような対比はあったが、まだその頃は独立系の建築家が〈あんこ〉でキャリアを積んで〈皮〉の担い手になるようなかたちで、建築家としての成長が信じられていた気がする。しかし、1990年代半ばに金融工学とインターネットが融合して、爆発的な投資の矛先が世界中の都市開発に向けられるようになると、プロジェクトの経済規模が個人の信用だけでは背負えないほど大きくなり、そういうキャリアの展開を素直には信じ難くなってきた。私の家の近くの新宿通り沿いにある中層ビルの建て替えにさえ、その変化は現れている。60年代、70年代に建てられた中層ビルは、無名のビルであってもオーナーが設計者と一緒に考えて建てたと思われる気張ったところがあり、一棟一棟点検するように歩くと時代の流行やオーナーの事情などの個別性が透かし見えて面白い。これに対し、近年建て替えられた中層ビルは、黒っぽいマリオンとガラスのカーテンウォールで生真面目に決めているだけで味気なく感じられる。オーナーはアセットマネジメント会社に資産管理を依頼し（あるいは売り込まれ）、その業務の一部に建物の設計があるようなスキームなのだろう。創造性より事業の確実性、個別性より資産の交換可能性が重視されると、ビルは必然的に無個性になる。それは経済のふるまいとして規範的であるが、そこに想定されている人間は無色透明で「どんな人びとになりたいのか？　誰と何と一緒に、どんなふうに生きたいのか？」という問いかけに応えてはくれない。これは山名さんがおっしゃるところのモダニズムが追いかけた規範とは違う。

２０１６年のｅｎ展は、こうした趨勢に対し決して声高に別の規範をマニフェストするものではない。しかし個別の現場からつぶやくように異議を唱えており、結果的に、20世紀の建築を牽引した空間という概念への憧れと、疑いの両方を共有しているように思われる。

空間が解放する建設の生産性とモダニズム建築

空間という概念は、いまやそれを使わないと建築や都市の議論ができないぐらいに、広く浸透しているが、それが建築の議論によく登場するようになるのはモダニズムの時代になってからである。その背景にはもちろん、18世紀半ばの英国に端を発する産業革命がある。産業革命以降の人間は、それ以前と比較にならないほどの高い生産性と移動性を獲得したために、ヴァナキュラーな農村集落や家屋に閉じ込められない存在になった。人力を前提にした定常社会では明日は昨日と同じで良かったが、蒸気機関以来の動力の発明によって膨らんだ生産や移動の欲求に駆動される成長社会になると、明日は昨日と違わないと困るのである。そこでいままでの縛りを壊す必要が高まり、マルクスが唱えた唯物論的歴史観がそれを理論化する。建設もマルクスがいう「物質的生活の生産様式」のひとつである。それまでの建設は、生業や暮らしを安定的に繰り返すために必要な設えのためにあり、人びとの協働によるものも多かった。宗教施設は時代や宗派固有の型をもった建築として各地に伝播していたが、その建設は定住した信者のコミュニティや、その場所における超自然的な体験に動機付けられていた。つまり建設は産業というよりは文化の一部であり、施設や設えは容易に動かせるものではないので、場所に固有の条件と強く結びついていた。しかし、こうした場所を前提にしたパースペクティブに人間が留まっていたなら、現在世界中で行われている投資を目的とした新都市開発のような、無人の地に先に建物や都市を建設し、後から人びとが移住してくることなどありえなかったはずだ。ある段階から、建設をとらえるパースペクティブは旺盛な生産力を十全に発揮できる方向に更新されていったと考えるほかない。そのためにはいつでもどこでも再現でき、また将来の活動を計画でき、規模として計量できなければならない。これら再現、計画、計量可能性に建設が従事するように、そのパースペクティブが更新されていくなかで徐々にあらわれてきたのが、空間という概念なのであろう。マルクスの言葉「人間の意識がその存在を規定するのではなくて、逆に、人間の社会的存在がその意識を規定するのである」に従うなら、産業革命以降の旺盛な生産力が、建設をとらえるパースペクティブを、空間を前提に規定し直したのである。

生産性の増大は、国外にまで資源を求め、領土を拡大しようとする帝国主義を生み、ついには国家間の利害対立が第一次世界大戦を引き起こす。この最初の近代戦争は、工業化された火器の使用や飛行機からの爆撃によって、これまでにない大量殺戮や都市の破壊を引き起こしてしまった。産業革命以降に人間が手に入れた生産力が、人間の制御を超えて、人間を滅ぼす。どこにももっていきようのない絶望や憤り、われわれ人間とは一体何者か、国家とは何かといった問題意識が、戦地となったヨーロッパ諸国には充満していた。そういう戦災復興の時期に、平等で、自由で、友愛にあふれた民主的な社会の構築を目指して、モダニズム建築がマニフェストされる。そのマニフェストは工業化された建築生産の合理性を追求する一方で、そのことで疎外されることもあるヒューマニズムを擁護、賞賛するという、相反する価値を抱え込んでいた。しかし国や地域性に縛られない、新しい工業化の時代の建築様式は大きな説得力をもち、第一次世界大戦で戦場にならなかった国や地域にまで伝播した。だがヨーロッパから離れた日本のような国や地域にとって、このマニフェストを、それを取り巻いていた状況ごと受け取るのは難しかったと想像する。それは実際に第一次大戦を戦地で経験していないからであるとともに、モダニズム建築の根本に、建設の生産様式を、再現、計量可能にし、場所の桎梏を離れようとするベクトルがあったからでもある。

建築史家の藤岡洋保によれば、日本で空間の概念が建築の議論に使われはじめたのは、戦後の丹下健三研究室から（戦前には東大で同級生だった浜口隆一が使用）だそうで、たかだか70年の歴史しかない。その時に建築の設計を取り巻いていたのは、第二次世界大戦後の都市の再建であり、建設材料・技術の工業化による圧倒的な生産性の向上であった。とにかく建築が建てられ、社会的な制度がかたちを与えられて、学校、病院、文化施設、事務所、住宅などに定着されていった。空間の生産が、急ピッチで進められた。このように制度を物質化し、具体的に存在せしめ、かつ計れるようにするのが、空間の再現可能性、計量可能性であろう。その一方で1950年代は、連合国による暫定統治から主権を回復する過程で、日本のアイデンティティを希求する機運が高まった時代でもあり、日本的な建築の空間をめぐる伝統論争なども巻き起こった。こちらは空間の質の問題である。島国で独自に発展した生活様式や文化、日本の木造建築の技術、地震や多雨で湿潤な気候などへの応答が、日本のモダニズム建築の実践に質としての多様性をもたらした。

概念的隣接性と具体的な隣接性

ちょうど同じ頃、1955年にはG・ギーディオンの『空間 時間 建築[注1]』が翻訳され、1940

年代から60年代まで何度も改訂、増補が加えられ、建築の議論を牽引した。建築を芸術、哲学との関連だけでなく、その下部構造ともいえる技術的展開との関連でとらえ、豊富な事例の間に、各時代に開発され集合的に検討された建築の可能性を浮かび上がらせるその語り口は、今読んでも圧巻である。そうした建築の可能性は時代を超えて繰り返される構成的事実constituent factであり、その変化から建築の歴史が、3つの空間概念の展開により説明される。すなわち、

第一の空間概念　ヴォリューム間の相互作用。エジプトやシュメールおよびギリシャの建築。内部空間は無視される。

第二の空間概念　くりぬかれた内部空間とヴォールト架構の統合。ローマ時代のパンテオンから18世紀末まで持続。

第三の空間概念　建物の外へ放射する彫刻的な性格（第一の概念への親近性）、内部空間のくりぬき（第二の概念の継続だがヴォールトはなし）、に加えて内外空間や異なるレヴェルの相互貫入。自動車の影響が、建築の分かち難い要素として「動き」を組み入れる。

この論は、19世紀後半から芸術学の分野でさまざまに試みられてきた空間論の展開で、その内容の秀逸さゆえ、納得させられそうになるが、そこには見過ごしてはならないことも含まれる。注目

すべきは、ギーディオンが時代や場所や目的の違う建築や構築環境を、自由に比較している点である。20世紀後半にギーディオンで建築を学んだ者にとっては当然で、疑いようもないことかもしれない。しかし、空間という概念がないまま、ルネッサンスの建築家はどうやって建築を議論したのだろうか？　と問うてみればいい。古代ローマや古代ギリシャとの比較はあったが、その議論はまだ建設が場所に属するパースペクティブのなかで行われていたはずである。ピラミッドの隣に、パンテオンやバロックの教会、立体化された都市の交通網やモダニズム建築をもってきて、突き合わせて比較するというのは驚嘆すべきことではないか？　それは写真やジャーナル、鉄道や飛行機など産業革命以降の環境がなければ起こらない、まったく新しい概念的な隣接性の発明といっても過言ではないだろう。つまり建築空間論は、建築を取り巻く事物や背景をキャンセルできる自由を想定している。この自由が建築の違いを空間の問題として扱えるようにしただけでなく、旺盛な生産力を後押しした。この組み合わせなしには、モダニズム建築も世界中に伝播されなかったろう。

だが建築には別の、本筋の隣接性がある。ピラミッドの隣には、労働者たちの集落があり、彼らが住む日干し煉瓦でつくられたヴォールト屋根があり、照りつける太陽と乾燥した土地があったはず。木造民家の柱と梁の豪快な屋根架構のまわりには、晴れと雨が繰り返され、森があり湿潤な土地があったはず。空間論では、これらは組積造のヴォールト屋根と、木造で柱梁を組んだ寄棟屋根として比較されるが、それらを取り囲む事物の連関が比較されることはない。それに対してen展に集められた建築作品は、こうした具体的な隣接性をキャンセルしない。ギーディオンの3つの空間概念の先に第四の空間概念を論じたり、空間論を書き換えようとしたりするかわりに、何に隣り合っているのか、何と一緒に生きるのか、と問いかける方法を模索している。建築空間論の想定の位置にあった概念的隣接性に違和を感じ、それによりキャンセルできることになっていた事物の連関やアンビエンスに個別に接近し、むしろ共感しようとしている。モダニズム建築のマニフェストの背景には、旺盛な生産力を満たすことと、第一次世界大戦の陰惨な体験を踏まえたヒューマニズムの葛藤があったとすると、en展のつぶやきの背景にあるのは、人間の活動が地質学的なインパクトを地球に与えてしまった人新世であり、国内的には社会が縮小に向かっているのに建設産業は成長を止めようとしない矛盾、将来の世代や地球に責任をとれるのだろうかという不安、そして大きな地球のエコロジーに、個別の建築プロジェクトで向かい合うスケールギャップである。

こうした背景が、建築空間論がキャンセルしがちな、事物の連関やアンビエンスへと建築の実践を向かわせる。だが現代社会は、後の世代が前の世代の暮らしを想像できないような、忘却をいたるところに抱え込んでいる。そんな語られない変容に気づくには、「どこで、だれと、何と、どんなふうに生きているのか」という暮らしのエコロジーを系譜学的に比較するしかないが、社会に存在する多くのブラックボックスが事物連関を見えにくくしている。このブラックボックスを開けて事物連関を見えやすくし、かつ成長させる試みは、建築デザインのエコロジカルな転回といえる。

現代叙事詩と建築空間論の「逆使い」

では、そうした試みはどのようなプロジェクトになるだろうか？　最後に私案を述べてこの論を閉じることにする。

災害や、戦災による破壊からの再生、大型のインフラストラクチャーの建設、新しい移動手段の導入などに注目すれば、20世紀の工業化は社会に急激な変化をもたらしたといえる。しかし、保守性の高い暮らしや建築に近いところを見ると、その変化は実は緩慢で、対象化しにくい。私たちの暮らしをより便利に変容させる製品やサービスのなかには、結末が最初から分かっていたら導入されなかったかもしれないものもある。例えば石油からつくられるプラスチック製品は、軽くて丈夫で水が沁みない、汚れを落としやすい、腐らないといった優れた性質をもつ材料として第二次世界大戦後に一気に普及したが、70年後の今、ベーリング海峡の近くには粉々に砕けて集まったプラスチックの「島」が浮いている。分解されないマイクロプラスチックを食べる魚介経由で、人間の体内にプラスチックが蓄積されることによる、健康被害が心配されている。これが私たちの住み込んでいる、暮らしのエコロジー２０１９の一面である。大型のリゾート開発は環境アセスメントで審査されるが、こうした日々の暮らしを便利にする製品の大量消費のインパクトは審査しようにもできなかった。プラスチックを例にしたが、建設の産業化にも同様のことがいえるだろう。そうしたアセスメントの不在による遅れを取り戻せるわけではないが、Better late than never（やらないより遅いほうがマシ）である。暮らしのエコロジーの変容を系譜学的に追い、今自分たちがどこに立って、何に囲まれて生きているのかを理解することは、次の一手を必ず変える。なぜならそれに気づいている心性と気づいていない心性では世界の見え方が違い、環境のつくり方も違うからである。これは叙事詩の役割に似ている。叙事詩は、自分たちが生きている場所が、どんな場所だったのか、そこで何があったのか、そして自分たちが生きている現在とは遠く隔たった時代があったことを繰り返し思い出させる。この現代叙事詩（モダンエピック）において、建築空間論「逆使い」される。時代も場所も違うところで成立した建築を比較できる自由を、その形式が発生したところの事物連関の全体性やアンビエンスをキャンセルするように行使する（順使い）のではなく、一緒に召喚するように行使する（逆使い）。それらを現代の暮らしのエコロジーに批評的に対峙させるとともに、現代の暮らしのエコロジーのなかでその形式を再解釈し、更新するのである。

人の縁、モノの縁、地域の縁として展開した「ｅｎ展」にはもうひとつの縁の可能性が潜在している。それは建築空間論の「逆使い」による系譜的な縁である。

1　ジークフリート・ギーディオン著、太田實訳、『空間 時間 建築』、１９５５、丸善

クレジット一覧

●写真・図版提供

Fondazione La Biennale di Venezia　16ページ（図1－1）

能作文徳　19ページ（図1－2）、27ページ（図1－5）、44ページ（図2－9中上）、81ページ（図3－1）、121ページ（図4－5）、128ページ（図4－6）、130ページ（図4－7）

オンデザイン　23ページ（図1－3）、44ページ（図2－9左上）、99ページ（図4－1）、101ページ（図4－2）

西川公朗　25ページ（図1－4）、44ページ（図2－9右上）、85ページ（図3－2）、91ページ（図3－3）

伊藤暁建築設計事務所　29ページ（図1－6）、44ページ（図2－9左下）、136ページ（図4－8、4－9）、143ページ（図4－11）

出典：バリー・シェルトン著『日本の都市から学ぶこと』2014、鹿島出版会、126ページ　34ページ（図2－1）

タイムワープＭＡＰ・東京制作委員会　36ページ（図2－2）

株式会社槇総合計画事務所　37ページ（図2－3左）、38ページ（図2－5）、41ページ（図2－7）、43ページ（図2－8下）、48ページ（図2－11）、49ページ（図2－12）、50ページ（図2－13）

出典：槇　文彦著『見えがくれする都市』1980、鹿島出版会、68ページ　37ページ（図2－3右）

出典：同書、68ページ　37ページ（図2－4）

国土地理院ウェブサイト（地図・空中写真閲覧サービス）　40ページ（図2－6）

ＡＳＰＩ　43ページ（図2－8上）

増田信吾＋大坪克亘　44ページ（図2－9中下）

鳥村鋼一　44ページ（図2－9右下）

Process Architecture No. 110 (1993)　46ページ（図2－10）

Satoshi Shigeta@Nacasa & Partners Inc.　52ページ（図2－14上）、107ページ（図4－3）

Haugen / Zohar Arkitekter　52ページ（図2－14下）、

F.L.C. / ADAGP, Paris & JASPAR, Tokyo, 2019 C2754　54ページ（図2－15）

歌川広重『名所江戸百景』　56ページ（図2－16）

ＴＯＴＯギャラリー・間　62ページ、67ページ、69ページ、70ページ、71ページ、74ページ、77ページ、

提供：銀木犀　108ページ（図4－4）

ELEMENTAL［vo@elementalchile.cl］　141ページ（図4－10）

●編集協力

南風舎

共著・編著プロフィール

山名善之（やまな・よしゆき）
1966年東京都文京区生まれ。1990年東京理科大学卒業。香山アトリエ／環境造形研究所、パリ・ベルヴィル建築学校DPLG課程（フランス政府給費留学生）、パリ大学パンテオン・ソルボンヌ校博士課程。アンリ・シリアニ・アトリエ（パリ・文化庁在外派遣芸術家研修員）、ナント建築大学契約講師等を経て、2002年より東京理科大学勤務。現在、同大学理工学部建築学科教授、フランス政府公認建築家DPLG、博士（美術史）。専門：建築史・意匠学、アーカイブズ学。ICOMOS、ドコモモのメンバーとして建築保存（近現代建築）、文化遺産分野で活動。2008年第3回西洋美術振興財団賞学術賞、2016年第15回ヴェネチア・ビエンナーレ国際建築展審査員特別賞、2017年フランス芸術文化勲章（シュヴァリエ）など。建築作品に「飯能K邸」、「南馬込K邸」、「日食の家（五浦の小屋）」、「谷中の自邸」など。著書、訳書に『ジャン・プルーヴェ』（日本語版監修、2004、TOTO出版）、『ムンダネウム』（翻訳・解説、2009、筑摩書房）、『マルセイユのユニテ・ダビタシオン』（翻訳・解説、2010、ちくま学芸文庫）、『世界遺産　ル・コルビュジエ作品群』（著、2018、TOTO出版）など。

塚本由晴（つかもと・よしはる）
アトリエ・ワン／東京工業大学大学院教授、博士（工学）1965年神奈川県生まれ。1987年東京工業大学工学部建築学科卒業。1987〜88年パリ・ベルヴィル建築学校。1994年東京工業大学大学院博士課程単位取得退学。貝島桃代と1992年にアトリエ・ワンの活動をはじめ、建築、公共空間、家具の設計、フィールドサーベイ、教育、美術展への出展、展覧会キュレーション、執筆など幅広い活動を展開。ふるまい学を提唱して、建築デザインのエコロジカルな転回を推進し、建築を産業の側から人びとや地域に引き戻そうとしている。近年の作品に、「恋する豚研究所」（2013）、「みやしたこうえん」（2011）、「BMW Guggenheim Lab」Canal Swimmers Club」、Search Library in Muharraq」（2011−2013、2015、2016）などがある。主な著書に『メイド・イン・トーキョー』（2001、鹿島出版会）『ペットアーキテクチャー・ガイドブック』（2001、ワールドフォトプレス)『図解アトリエ・ワン』(2007、TOTO出版)、『Behaviorology』(2010、Rizzoli New York)、『Window Scape』(2010、フィルムアート社)、『図解2 アトリエ・ワン』(2014、TOTO出版)『コモナリティーズ ふるまいの生産』(2014、LIXIL出版)などがある。

槇文彦(まき・ふみひこ)
1928年生まれ。1952年東京大学工学部建築学科を卒業し、クランブルック美術学院及びハーバード大学大学院の修士課程を修了。スキッドモア・オーウィングズ・アンド・メリル、セルト・ジャクソン建築設計事務所、ワシントン大学のキャンパス・プランニング・オフィスに勤務。ワシントン大学とハーバード大学で都市デザインの準教授も務める。1965年に帰国後、株式会社槇総合計画事務所を設立。1989年まで東京大学教授。1993年プリツカー賞、2011年AIAアメリカ建築家協会ゴールドメダルなど受賞多数。

西田司(にしだ・おさむ)
1976年神奈川県生まれ。1999年横浜国立大学卒業後、スピードスタジオ設立。2004年よりオンデザインパートナーズ主宰。石巻2・0理事。近著に『オンデザインの実験』(TOTO出版、2018年)。「ヨコハマアパートメント」にて日事連建築賞小規模建築部門優秀賞(2011年)、JIA新人賞(2012年)、ishinomaki 2.0にてグッドデザイン復興デザイン賞(2012年)、「FIKA」にて東京建築士会住宅建築賞(2013年)他受賞多数。

猪熊 純(いのくま・じゅん)
建築家/首都大学東京助教。1977年神奈川県生まれ。2004年東京大学大学院修士課程修了。2006年まで千葉学建築計画事務所勤務。2007年成瀬・猪熊建築設計事務所共同設立。2008年より現職。代表作に「LT城西」(2013)、「柏の葉オープンイノベーションラボ」(2014)、「豊島八百万ラボ」(2016)など。主な受賞に、2015年日本建築学会作品選集新人賞 JID AWARDS 2015大賞など。著書に、『シェアをデザインする』(2013、学芸出版社)、『シェア空間の設計手法』(2016、学芸出版社)がある。

能作文徳(のうさく・ふみのり)
1982年富山県生まれ。2005年東京工業大学卒業。2010年東京工業大学大学院博士課程修了、2012年博士(工学)取得。東京工業大学大学院環境・社会理工学院建築学系助教を経て、現在、東京電機大学未来科学部建築学科准教授。能作文徳建築設計事務所主宰。「ホールのある住宅」にて平成22年東京建築士会住宅建築賞、「高岡のゲストハウス」にてSDレビュー2013鹿島賞、「西大井のあな」にてSDレビュー2017入選、ISAIA 2018 Excellent Research Award受賞。

伊藤 暁(いとう・さとる)
1976年東京都生まれ。2002年横浜国立大学大学院修了。aat+ヨコミゾマコト建築設計事務所を経て、2007年伊藤暁建築設計事務所設立。2017年より東洋大学准教授。主な作品に「えんがわオフィス」(2014)※、「横浜の住宅」(2014)、「WEEK神山」(2015)※、「ほんの庵」(2016)、「筑西の住宅」(2016)など。SDレビュー2013入選、2015年神奈川建築コンクール優秀賞、2015年JIA四国建築賞優秀賞、2016年東京建築士会住宅建築賞、2017年JIA東北住宅大賞奨励賞、2018年茨城建築文化賞優秀賞など。(※BUSとして共同設計)

TOTO建築叢書 10

共感・時間・建築

2019年4月15日　初版第1刷発行

編著　山名善之、塚本由晴
共著　槇 文彦、西田 司、猪熊 純、能作文徳、伊藤 暁

発行者　伊藤剛士
発行所　TOTO出版（TOTO株式会社）
〒107-0062 東京都港区南青山1-24-3 TOTO乃木坂ビル2F
［営業］TEL. 03-3402-7138 FAX. 03-3402-7187
［編集］TEL. 03-3497-1010
URL: https://jp.toto.com/publishing
印刷・製本　大日本印刷株式会社

Printed in Japan
ISBN978-4-88706-379-2